寻梦香巴拉

扎巴格丹 小北 著

中国藏学出版社

序　曲

夜深了，
第一颗星闪耀了；
它照亮了全世界，
照亮了我们的心。

　　大昭寺的夜晚美丽而又安宁，我站在广场上，不禁想起很久以前带着7岁的女儿次拉姆来到这里的时候，女儿写的一首诗。
　　来自我家乡香格里拉的一家五口正跪在广场上，磕着长头，虽然他们已经换上崭新的藏装，但额头和手上的伤痕告诉人们，他们一定走了很长很长的路。
　　他们已经磕了三天三夜了，不知道他们还要磕多久，大概是

要把朝圣路上来不及磕过的头在这里全部都磕完吧。

这就是我们藏族人,简单,传统,有时候还有一些固执。

倘若只是为自己,他们不用磕这么多的头,他们是在为众生祈福。

离开大昭寺，我继续向着八廓街走去。环绕着大昭寺的道路是著名的转经道，我们藏族人称之为"圣路，郭朗"。

大概是夜太深的缘故，古老的街道上行人并不多，冷清的脚步声犹如历史的回声，可以为我的心灵所聆听。

不多时，我来到了拉萨河畔，循着一座座藏式建筑闪亮着的灯火，来到一座崭新的看上去却不那么新的建筑前，我的目的地到了。这里就是阿若康巴·拉萨庄园，我在茶马古道上建立起来的第三座尼仓。

我的名字叫扎巴格丹，家乡在云南的香格里拉，我的父亲曾是茶马古道上马帮中的一员，我出生在印度的一个小山村，当过7年的僧人，17岁那年父亲带着我一起回到了家乡。

回国后我读过小学一年级，还曾留学奥地利和美国，我会说英语、藏语、印度语和乌尔都语，还有带着浓重咖喱味的普通话。我打过短工，当过公务员，做过导游，还开过旅行社和多家餐厅、酒店，后来我创建了"阿若康巴"这个品牌，如今它已经是云南的高端民宿品牌，中国最美的民宿之一。

"阿若康巴"是我的父辈们行走在茶马古道上，彼此间打招呼的一句话，大概的意思就是"来吧，朋友"。

创建一座又一座的阿若康巴，既是父亲生前的梦想，也是我的梦想，是梦想孕育了它们，并且将它们从地平线上高高托起。

我先后在云南的香格里拉和丽江开设了两家阿若康巴，拉萨河畔的阿若康巴·拉萨庄园是第三家，也是目前投资最大的一家，总投资达到1800万元。

它也是一个新的起点，如果因缘具足，我的梦想还会指引着我，坚定不移地走下去，去建立起更多的阿若康巴。

回国后的这些年，我取得了一些成绩，获得过一些荣誉。这其中固然有我个人的努力，但也离不开社会对我的帮助和支持，如果没有这些帮助，我就不会拥有这么丰富多彩的人生。

我所创建的阿若康巴还有另外一层含义，那就是感恩。

我写下这部传记的初衷，是希望能和大家分享我人生经历中的一些点滴。如果我的故事能给大家带来一些触动和启发，或许能够给正在建立人生观、价值观的青少年诸多思考和启发。能让大家从书中看到梦想，感受到付出，感受到奋斗的力量，那便是我莫大的荣幸。

扎巴格丹
2020年10月1日于香格里拉

目 录

    序　曲 / 1
1　我的父亲 / 1
2　我的童年 / 13
3　寺院修行 / 23
4　命运的召唤 / 31
5　回家的路 / 38
6　扎根故乡 / 49
7　我的公务员生涯 / 61
8　导游生涯的第一步 / 73
9　朝圣之路 / 82
10　我的父亲母亲 / 93
11　远赴欧洲 / 103
12　阿尔卑斯的雪 / 112
13　求学美利坚 / 122

14 飞翔吧，黑颈鹤 / 135

15 故乡的白塔 / 145

16 负重前行 / 152

17 做一个好人 / 161

18 家的港湾 / 170

19 我的三大提案 / 182

20 举步维艰 / 191

21 不忘初心 / 200

22 方得始终 / 211

23 最高的人生使命——敬达 / 220

24 来吧，朋友 / 230

25 阿若康巴 / 237

26 我的"尼仓梦" / 250

27 古城之殇 / 259

28 母亲的转经筒 / 268

29 亲情无价 / 274

30 第二家阿若康巴 / 288

31 事业的版图 / 300

32 生死之交 / 311

33 拉萨河畔，新的起点 / 320

1 我的父亲

我的家乡，
在雪山下的草原上。
当草原上的杜鹃花盛开时，我思念着我的家乡。
……

在我很小的时候，父亲经常坐在火塘边给我讲马帮的故事，给我唱起这首歌谣，歌中唱到的"我的家乡"就是建塘。

建塘镇，坐落在香格里拉的中心，藏语的意思为"富饶美丽的草原"。这里的春天，漫山遍野开满了杜鹃花；夏天的时候，草原上牦牛成群；秋天，美丽的格桑花开得灿烂；到了冬天，雪山巍峨，漫天飞雪。

马帮

一年四季,美不胜收。

除了雄浑壮美的风光,建塘最吸引人的便是从千年前就开始流传的马帮传奇。

早在唐朝时期,随着内地汉人和藏族人之间的贸易往来,在商业古道的节点上开始出现了一个个贸易重镇,建塘镇就是其中之一，它也是滇西北最重要的贸易中心，茶马互市的兴起造就了建塘的繁荣。

无数的马帮往来其间，穿行内地、藏地和印度三地，他们疏通文明的隔离，串联起文化的遗珠，在横断山脉和喜马拉雅之间，留下了一段段跌宕起伏的传奇。

茶马古道在马帮汉子的脚下延伸了1400年，马帮的传奇也延续了1400年。

然而随着文明的进程，更为便捷的商道被开辟出来，茶马古道就此陷入了沉寂。

第二次世界大战爆发后，因为日军对交通要道的封锁和轰炸，隐藏于大山之中的茶马古道，再度变得繁忙起来。

就是在那个年代，我的父亲加入了马帮，由此开始了长达十几年的马帮生涯。

我的父亲名叫仁青培楚，出生在建塘镇的称尼村。

村子里的老人说，称尼村至今已经有1000多年的历史。最早的时候村子里只有七户人家，而父亲所在的达杰家族，就是这最早的七户人家之一。历史上，达杰家族曾经出现过德高望重的高僧，也曾有人远渡重洋去过国外，所以才能安然无恙地绵延到今天。

我的父亲在家中排行老二，按照建塘的习俗，只有家中的长子和长女才有权继承财产。所以父亲成家之后，没有分到什么财产，生活过得非常艰苦。他希望能从家里划出一部分财产独立出去（建塘语"延巴"），这样就能脱离吃大锅饭，可家里一直没有同意。

父亲还希望能够有一头属于自己的耕牛,这样妻子也就不用在农田里那么操劳,可以拿出更多的时间来照顾他们的两个孩子。

在父亲那个年代,贫苦是大多数人的生活常态,一头耕牛就是一笔巨大的财富。

父亲平时操持着家里的农田,农闲的时候就扛着一把斧头去山上砍柴,然后把柴火背到城里的集市去卖。

那时候的集市也就是今天的独克宗古城,是来往的商旅们交汇中转的枢纽,开设了很多诸如南索达这样的大商号,也是马帮往返的必经之地。

父亲经常卖柴火的地方叫皮匠坡(藏语叫"甸腊卡"),正好处在茶马古道的一条支道上,那里矗立着一块巨大的石头。马帮时代的"甸腊卡"是一条最有文化韵味的一条街,茶楼、客栈、

独克宗古城

烟斗屋及各种手工作坊林立。这条街上还生活着很多纳西人，他们手工制作的皮具工艺精良，经久耐用，来往的马帮经常去他们那里采购马靴和长靴。

父亲那时候就坐在柴火上，好奇而又羡慕地看着马帮来来往往，听着关于马帮和茶马古道上的种种传奇，清脆的马铃声仿佛蕴含着某种神秘的魔力，载着父亲的想象飞越千山万水，抵达一个个神奇的国度，一个个五彩缤纷的世界。

也就是从那时候开始，父亲萌生出跟随马帮出去闯荡一番的念头，这个念头一旦产生就再也无法遏制。

也许我在马帮里做一个"拉朵"，跟着马帮走出去几次，就能存够买牛的钱？

伴随着现实的焦虑，出走的念头在父亲的内心深处变得越发强烈起来。

那时的他已经是两个孩子的父亲，迫切地想要改变眼下的生活，而不是过着这日复一日、一眼就能看到头的贫苦日子。

然而要加入马帮行商并不是那么容易的事，父亲要过的第一关就是必须征得家族所有成员的同意。

马帮行商是一个高危职业，马帮成员们不但要面对茶马古道上恶劣的环境和气候，还要面对那些靠劫掠为生的盗匪。说马帮汉子的生活是在刀尖上舔血，丝毫不为过。

家族的那些长辈怎么可能同意让父亲离开？他们和大多数人的想法一样，更愿意看到父亲做一个本分的人，在家乡的土地上平平安安地度过一生。

父亲的内心焦灼着，挣扎着，他终于作出一个大胆的乃至在那时看来疯狂的决定,他要瞒着家里人,偷偷地跟随马帮走上行商之路。父亲深深知道,要改变现状,他必须走出去,必须冒这个险。

也许在我们康巴人的血液里,天生便有着一往无前的勇气和探索世界的雄心,才让父亲作出这样的决定。

17岁那年,父亲在和妻子商量后,就开始等待时机,时刻准备"离家出走"。

有一天隔壁村子的乡亲们请客,家里就让父亲去参加,一同前去的还有同村的很多人。大家走在半路上的时候,父亲忽然装出一副生病的样子,恰好当时流行着一种传染病,同村的人就让父亲赶紧回家好好休息,做客的礼物他们帮着办理。

父亲心里激动不已,和大家告别后就赶紧去了拉咱草原的山脚下,他与大舅在几天前就约好了两人一起去走马帮。

然而父亲很快就失望了,他从早上等到晚上也没有见到人,大舅爽约了。眼见着天色黑了,父亲只好前往独克宗古城,借宿在一位铁匠朋友的家中。第二天一大早父亲就独自出发了,身上只有一把长藏刀和一把贴身小弯刀。铁匠朋友通过昨晚的交谈知道父亲要去走马帮,非常佩服父亲的勇气,专门为父亲准备了两袋苦荞粑粑,还有几块银元。

父亲一个人上路了。当天晚上走进一片森林,他就在湿地中间找了一块大石头睡在上面,这也是藏族人的生活习惯。如果在他睡着时野兽向他发起攻击,必然会踏响湿地里的水发出声音,被声音惊醒后的他就能提前作出反应。

第二天天不亮父亲继续上路,到了夏多村的时候终于遇上了一队前往拉萨的马帮。

"马帮很辛苦，你能坚持住吗？"

"我可以！"

"马帮也很危险，你不怕吗？"

"我不怕！"

"在马帮不一定就能赚到钱，你想清楚了吗？"

"我决定了！"

父亲的率真打动了马帮的商头，他如愿以偿地加入了这支马帮，成为一名真正的"拉朵"。

"拉朵"，就是打工和向导的意思，在马帮中照顾马匹，干很多杂活，非常辛苦。

很多人在成为马帮的拉朵后心里就会有同样的感受：一辈子再也不去当拉朵了。因为拉朵太辛苦，去一趟拉萨要走三个月，回来的时间稍短一些，也要两个月。

但是放弃拉朵的生活后，他们却依然会深深地怀念当拉朵的那段时光，因为拉朵在每次旅程结束后回家的时候，总会收获不同的快乐和兴奋。

比如建塘的拉朵们抵达奔子栏的时候就开始打扮，穿上马锅头送给他们的新衣服和毡帽，带着丰厚的报酬和很多东西回到村子里。村民们会把他们看作非常厉害的英雄，跑到他们面前好奇又激动地询问关于马帮和拉朵的各种消息：途中朝圣过哪几座雪山和寺庙？拉萨人的生活是什么样的……

也正是从拉朵的口中，马帮中那些商业奇迹和传奇才广泛流传开来。而闲下来的拉朵，很快就开始怀念茶马古道上的那段时光,从而再次踏上旅程。

父亲听过那些传奇,并且因此而憧憬,成为拉朵后他也做好了吃苦受累的准备,然而茶马古道上的艰辛,还是大大超出了他的想象。

横断山脉,像是一道道无情的铁闸横亘西南大地,"横断"东西。这片三江并流的区域内,存在着无数的崇山峻岭峡谷激流。而茶马古道这条世界上最古老的商道,就像是一条随时都可能消失的灰色线条,在山川之间隐秘地延伸,若有若无,时断时连。

正因如此,茶马古道被山里人称为"鼠鸟道",只有老鼠和飞鸟才能穿过的山道。

艰难的旅程让父亲他们每隔几天不得不给驮马换一次马掌;为了少走路程,他们也不得不利用横跨两岸的溜索,从空中"飞越"怒江大峡谷。

泥石流,大流沙,突然而至的风暴,海拔5000米以上的酷寒……极端的气候和环境无时无刻不在考验着他们的意志,阻碍着他们前进的步伐。

即便环境如此险恶、路程如此艰难,他们最担心的却不是自己,而是牲口和驮运的货物,命是自己一个人的,牲口和货物却关乎一家人或是一群人的生计。在马帮艰苦的行程中,牲口随时都有可能丢掉性命,有些是从峡谷失足摔下去,有些因为气候的缘故生病致死,有些则是因为吃了路上的毒草中毒而亡,所以拉朵们不管自己多么累,只要能保证牲口的安全和健康,他们就会非常开心。

马帮每次翻越一座大山都会大喊一声"拉杰咯",意思就是

茶马古道

"在神的保佑下我们胜利了"。特别是东岗拉山和西岗拉山,这两座山上的山路被马帮人称为"马鹿和崖羊之道",不是人和牲口能走的道路,所以每次翻越了这两座险要的大山,马帮主会把所有人都聚在一起大口吃肉大口喝酒,以此庆祝他们战胜了最艰难的一段旅程。平时马帮吃的东西非常简单,而且不会在吃饭上花费太多时间,尤其是搽博(午餐),就是糌粑和酥油茶,不但吃法简单而且吃起来非常快。马帮人流行的说法里,水、火、柴,这三个就是他们的家。

在连绵起伏的十万大山中坐落着很多与世隔绝的小村庄,父亲他们每到一处都会受到热情的接待。

父亲他们在村庄里借宿的地方,叫作"尼仓"。

在尼仓中,马帮汉子和村民们围绕着篝火,热烈交谈,痛饮烈酒，欢歌起舞，卸去一身的风尘和疲惫。

在尼仓中，父亲他们获得了茫茫大山中珍贵的安身之地。

在马帮的旅程中，尼仓是非常重要的一部分。马帮和尼仓主之间的关系早已超出了简单的贸易关系，而是彼此间一种发自内心的真诚，一种生命与生命之间的相互依存。

热情淳朴的尼仓主，不但为马帮提供食宿，还为他们提供各种宝贵的信息，比如天气的变化，哪里发生了泥石流，哪里会有强盗出没，没有人比他们更熟悉当地的气候和环境了。

凭借着这些宝贵的信息，父亲他们躲过一次次的危险，在茶马古道上继续蜿蜒前行。

正是马帮和尼仓之间的相互依存，茶马古道不再是一道孱弱的灰线，而是一道强悍的生命线；是巨人的一道掌纹，即便用世界上最锋利的刀子，也无法刮去它的痕迹。

在印度的那些年里，父亲经常向我讲述马帮的故事。他总会一次次提起那些山里的居民，提起他曾经居住过的"尼仓"，并且一次次地感恩那些曾经在古道上给予他帮助的人们。

儿时的我坐在火炉旁，听着父亲一次次的述说，无形中在我心里种下了一个情结。

这个情结不断生长，不断壮大，促使我在多年以后开始在茶马古道的路线上，尝试着建立起一家家民宿，一座座的"尼仓"。

"尼仓"，就是感恩。

父亲随着马帮的队伍离开尼仓以后，继续艰难而又缓慢地前行着，一路随行的人也越来越多。

沿途上，很多前去拉萨的朝圣者都愿意做马帮里的拉朵，而作为回报，马帮主会在抵达拉萨的时候，送给他们一些食物和衣物，并带着他们去朝拜大昭寺和布达拉宫。

像很多能干的拉朵一样，父亲跟随着马帮商队，走过盐井，会带上最好的桃花盐；进入梅里雪山，会收集雨后的菌菇和草药；抵达察瓦龙，会收集当地的贝母；抵达昌都，会收集当地的鹿茸……他们一路前行，走进一座座大山里的村落，走进一间间的尼仓，一路走到了拉萨。

父亲并没有止步于拉萨，而是通过拉萨，向着更远的地方开始进发，尼泊尔、锡金、印度……

冬季的时候大雪封山，西藏段的茶马古道沿途经常发生雪崩，苦寒的气候连骡子都无法养活，马帮自然无法再走这条路。于是父亲就开始在锡金和噶伦堡之间跑运输，主要的交通工具就是骡子。一些厉害的马帮或个人会有几十头骡子，有些零散的只有两三头。

通过马帮行商父亲赚到了一些钱，但他喜欢和朋友们玩藏棋赌钱，所以每次赚到的钱都这样给花光了。几年后父亲的大舅来到拉萨，他们准备一起回家的时候父亲又输光了所有的钱，未能一起回到家乡。

20世纪50年代，解放军进驻昌都地区，一些马帮在从拉萨返回云南的途中听到了关于"红色汉人"的传言，他们因此停下了回家的脚步，滞留在拉萨等地。

那时候的马帮因为要防备路上的盗匪，保护关乎着他们身家性命的货物，所以马帮上下都配备了枪支和武器，怕牵连到自己的家人，父亲也不敢回家了。

不久之后，中印边境的局势也开始变得紧张起来，两国之间的冲突一触即发。

彼时的父亲正由中印边境的邦迪拉前往印度其他地区，出于对时局的担心，他决定在印度的边境地区暂时留下来。

然而他未曾想到的是，这一留，就是28年。

"心中的宝石之乡"看不见了，"富饶美丽的草原"看不见了，"森林背后的湖"也看不见了。此后的28年里，它们只会出现在父亲泪眼蒙眬的回忆中，只会出现在一个离家太远的孩子无数次的梦境中。

1970年，我，扎巴格丹，降临到了这个世界。

我，扎巴格丹，是马帮的后代，是香格里拉的儿子。

2　我的童年

我出生在印度中部的一个小山村，家里还有一个大我三岁的姐姐。

1962 年，中印边境自卫反击战爆发，两国之间的边境彻底关闭，也彻底断绝了父亲回家的希望。

他只能停留在边境地区等待时机，然而随着自卫反击战的结束，局势却并没有缓和，他也始终无法得知家乡的信息。

那时的父亲处在巨大的时代变迁中，被卷在滔滔的历史洪流中流落他乡，无所适从。

为了生存下去，父亲找了一份苦工，在印度的边境修建公路。就是在那个时候，他结识了同样流落他乡、来自西藏山南的同胞，也就是我的母亲，白玛卓玛。

扎巴格丹的父亲

扎巴格丹在印度的姐姐

随着边境的局势越来越不好,过了不久我的父亲母亲开始向着印度中部迁移,最后在一个大山环绕的藏族人聚居的小村庄里安顿了下来。

经过几年的辛勤劳作,他们在小山村里扎下了根,拥有了六七亩田地,还拥有了两头牛。

1967年,我的姐姐出生了。

三年后,我也降临到了这个世界。

我,大我三岁的姐姐,父亲,母亲,一家四口人居住在一个简陋的小院里。对了,还有那两头耕牛夏拉和嘎日,它们也是我的家人。

我喜欢夏拉,它长着两只尖尖的牛角,就像是头上插着两把匕首,夏拉意思是马鹿,拉(ra)的意思是角,它比较像马鹿,长得帅帅的。而姐姐喜欢嘎日,嘎日的体型更加壮硕,嘎日的意思是白色,因为它全身都是白色的。

每年犁地时父亲总带着我和姐姐去农庄。我们的农庄里有间单层的草房,与其他家的草房不一样,父亲修的草房和建塘的牛场很相似,草房里有做饭的炉子,周围能够容纳三四个人休息,白天的时候，自然光线会直接照到炉子上；草房外，木栅栏围成的院子里可以拴牛、挤奶，旁边的小房子还可以充当牛棚，堆放柴火和牛粪。

父亲赶着两头牛去犁地，我和姐姐早早地坐在田埂上，对着两头牛指指点点。

"哈哈哈哈"，父亲抽打嘎日的时候，我就会开心大笑，姐姐就会很生气的样子。

"咯咯咯咯"，当父亲抽打夏拉的时候，姐姐也会开心地笑出声来，而我则一副闷闷不乐的样子。

大概夏拉和嘎日也都明白生活的艰辛和不易，所以干活很卖力，父亲又哪里舍得真正抽打它们呢？

虽然我和姐姐很小，但我们也要干活，也有分工，要么她去捡柴火我去烧水，要么我去捡柴火她去烧水，而大多数时候捡柴火的都是我。晚上从农庄回家的时候，我就会把捡到的柴火都背回去，在家里，妈妈早就准备好了洗澡水还有晚饭。

从家里到农庄的路上，需要穿过一座森林，蹚过一条小河，大概一个多小时的路程。每到周末和我姐姐都去农庄，就像是有钱人去豪华别墅里度假，我们一起打酥油茶，做粑粑，烤土豆，运气好的话父亲会给我们鸡蛋吃。

当然有时候我们也要当苦力，帮着父亲在田地里面挖坑。山里有很多野生动物，大象，孔雀，还有各种各样的猴子，野猪特别多，而且特别可恶，它们经常跑进庄稼地里糟蹋庄稼，每次吃庄稼前都会先在地里打滚，把周围滚平了以后才开始安逸地吃，大象更是如此，每次要滚平一大片。所以为了防备野猪特别是大象，我们都会在田地里每隔一段距离挖一个深坑，这样慢慢地野兽就开始远离田地，再也不来糟蹋庄稼了。

不管是在家里还是在农庄，大公鸡就是我们的报时器，我最初的时间观念就是由它而来。

"恰格当布……"

"恰格尼吧……"

"恰格松吧……"

这是最重要的三声鸡叫，我们按照鸡叫的报时声，起床、烧火、打水。

白天的事情忙碌完，我们就会一起嘻嘻哈哈地回家，到了晚上，就是我和姐姐一天里最快乐的时光了。

我们居住的村里没有电，没有电视，没有画报，没有更多的娱乐，点灯都是一件很奢侈的事。

到了晚上，我们就围坐在火塘旁听父亲唱山歌，听父亲讲述茶马古道上的故事，这就是我童年最大的乐趣，母亲有时候也会讲一些神话故事和爱情故事。父亲喜欢喝酒，每次喝了酒就要唱歌，他的嗓音出奇地好，有种说不出的豪迈。每次听他唱歌我都会产生错觉，以为自己不是坐在狭窄的房间里，而是坐在广阔苍茫的大草原上。

比起听唱歌，我还是喜欢听父亲讲故事。他唱歌时我就会缠着他讲马帮的故事。那时，我听得最多的还是格萨尔王的神话传说。

父亲虽然没有什么学历，也不识字，然而多年的漂泊和游历，极大丰富了他的知识和阅历，不管是他的亲身经历还是各个地方的奇风异俗、神话传说，父亲都能娓娓道来，生动而有趣。

就是在父亲的讲述和回忆中，我的心灵一次次被打开，想象中的外面的世界，变得五彩斑斓、丰富多彩。

父亲也会教给我很多为人处世的道理，尽管那时我还小，似懂非懂或者全然不懂。然而随着我的成长，心智的成熟，阅历的丰富，父亲说过的那些话，却总是回荡在我的耳边，历久弥新。

父亲说，为自己着想之前，一定先要为他人着想。

父亲说，看人要用眼睛，看自己需要镜子。

父亲说，人和人都是相互依存的，帮助别人，其实就是在帮助自己。

父亲说，我们得到过很多人的帮助，所以一定要懂得感恩。

父亲说，不管遇上多大的困难，就算肚子饿着也不能害怕，只要勒紧裤腰带，咬紧牙关，照

扎巴格丹的父亲

样做该做的事情，就一定能挺过去。

父亲说，人最大的幸福，莫过于没有负债。

好吧，最后一句我那时候压根就听不懂。

父亲说得最多的，还是他在马帮的那些经历，这让我一度心生向往，沉醉其中，幻想着自己也能像父亲那样，踏遍千山万水，成为一个不惧艰险的男子汉。

父亲还说，他在马帮的时候跟很多拉朵们一样，最想成为一名"敬达"。在马帮的组织中，拉朵是最底层的人员，再高一级就是"哲奔"（马锅头），然后"聪奔"（老板），而级别最高的就是敬达。敬达是马帮里的最高称呼或领袖，也是一位虔诚的布施者、社会的回馈者。

那时的我并不明白敬达的含义，但也理所当然地想，既然敬达是那么优秀的人，我以后也要成为一名敬达。

就这样，父亲在我的心里种下了一粒种子，他的梦想并没有因为现实的困顿而死去，也没有被流离的生活所磨灭，而是润物细无声地变成了我的梦想。

"父亲，我们的故乡真的很美吗？"

"美，当然很美。"

每说到这个话题，父亲的面容在火光的映照下就会显得越发的沧桑，目光也越发深邃，他的低吟就像是一首诗："我们的家乡就在纳帕海的旁边，是一片肥美的草原。每当春天的时候，漫山遍野开满了杜鹃花；夏天的时候，草原上的牦牛成群结队；到了秋天，格桑花开了，我们迎来丰收的季节；而到了冬天，则是漫天飞雪，巍峨的雪山就是沉默的神灵，在默默守护着我们……"

父亲一边说着，一边将困乏的我轻轻地抱上床，盖上被子。

很多很多次，依稀中我看到了父亲眼角闪动的泪光。当时我并不理解，直到很多年以后我才明白过来。

那就是乡愁。

6岁那年，我上学了。

我在那时候就知道何为"纠结"二字了。一方面我不想去上学，学校太远了，每天都要爬过几个山头，蹚过一条冰冷的河，走很远的路才能到学校。可另一方面学校里有很多小伙伴，大家可以在一起放风筝，玩陀螺，去河里游泳，很开心。

所以每到早上要上学的时候，我都会纠结地躲在被窝里不愿起来，因为我怕冷。虽然我们生活的地方气候并不冷，但在我记忆里却总是记得寒冷的痛苦而不是炎热带来的痛苦。

母亲有时候会一早把我要穿的衣服和裤子放在火炉边烤得热乎乎的，这样我穿上以后就会很暖和。

姐姐为了催促我起床，很粗暴地掀开被子，用各种办法把我弄醒。

上学的路上我也是磨磨唧唧，总想着找个地方休息，可每次我一坐下，姐姐就一把把我给拉起来。

"到了，就快到了！"姐姐每次都这么说，似乎每次都能起到作用。

姐姐说的"快到了"，其实指的是一个山包上的一块大石头，很像是一个天然的沙发，每次我们走到那里都可以休息一会，那也是我在上学路上最大的福利。

到了放学的时候，姐姐怕我贪玩，总是催促我回家。而我放学路上最大的福利,就是每次到了下坡,姐姐都会背着我,她是担心我走得太快会滑倒。

就这样持续了很久,我才适应上学的生活。

学校里的小伙伴们大都是和我一样的藏胞后代,也有一些本地的印度小孩。我们说藏语,说印度语,也说一点英语,老师大多数是藏族也有印度本地的。

大概是贪玩的缘故,我每次都会用最快的速度把作业做完,然后去玩,玩得很开心,功课也很好。

班级的每次考试,不是我拿第一就是一个叫米倩(我们叫她大眼睛)的藏族女孩拿第一,当然大多时候都是我第一。

每次我拿着学校发的小奖品回到家,墨水、文具盒及其他文具之类的,母亲都会很高兴,专门会给我"吴巴"下的鸡蛋吃,以示奖励。

那时候我们家里又增加了新成员,多了一头母牛,还有几只山羊和土鸡,其中有一只鸡我叫它"吴巴"。吴巴就是猫头鹰的意思,那只鸡和猫头鹰长得很像,黄色的眼睛又大又圆,奇怪的是它下的鸡蛋有两个蛋黄。

所以妈妈总会对我和姐姐说,我俩谁拿第一名就能吃到吴巴的双黄蛋,而这个奖励几乎都被我拿到。

姐姐很羡慕,我就会把蛋黄分给她一个,可她总是不肯吃,而是都给我。

我很怀疑自己后来对鸡蛋过敏,就是那个时候鸡蛋吃多了。

其实在我童年的记忆里总是伴随着饥饿,所以吃到什么好吃的印象就尤为深刻。即使是我长大了以后吃到同样的东西,还是会固执地认为还是小时候的好吃。

我们家里虽然有六七亩地，但种植的玉米和水稻产量非常低，平时只能种一些高粱和大麦，或者油菜。每年地里的产出仅能维持我们一家四口的生活，那时候鸡蛋其实是很珍贵的。

印度当地人和藏胞很少吃肉尤其是猪肉，卖猪肉的非常少。所以每次为了改善我们的伙食，父亲都要跑到很远的村庄才能买到猪。

父亲杀了猪之后，就会灌制很多香肠，做很多腊肉，这些都是我童年里不可多得的美食，直到今天我都喜欢吃。

父亲杀猪也很有技巧，每次杀猪都会有许多村民围观。杀了猪以后，他就会把猪高高地挂起来，冲洗干净后，不同的部位切下来总能做出不同的美味来。我回国后才知道父亲杀猪其实是沿袭了家乡的方式，他掌握的很多在村民看来神乎其神的生活技能，其实都来自我们的家乡。

村子外的山林里还有两样我非常喜欢的美食，它们是来自大自然的馈赠。一样是鸡枞，每当雨季来临的时候山里就会长出很多鸡枞。另一样就是山里的树木结出的杨梅一样的野果子，酸酸甜甜的很好吃。

那时候我不但自己吃，还会在空闲的时候爬到树上采集很多装进瓶子里，然后拿到学校里卖给学生。实在卖不掉的，我会拿这些果子和同学们换玻璃弹珠和牛粪，玻璃弹珠我自己玩，牛粪算是为家里作贡献。

牛粪在藏语中称为"久瓦"，是藏族群众生活中的一种重要生活必需品。牛粪不但可以当成烧饭取暖的燃料，还能用来糊墙起到保暖和保护的作用。到了冬天，牛粪铺在牲口棚里可以防寒。

上学时每个星期我们会有一天的休息时间，这一天大家都会跑到山下的草场，牛羊集中的地方，展开一场轰轰烈烈的"抢牛粪"大战。

每个同学手里都拿着一根不同的棍子，或者长短不一，或者颜色各异，都做了不同的标记。棍子就相当于小红旗，只要谁第一个把小木棍插在牛粪上，就等于获得了牛粪的"所有权"。

抢牛粪一定要跑得快，而且还要眼疾手快，在牛群中看到牛粪的那一刹那，要立刻把手里的小棍子丢出去，让小棍子精准地插在牛粪上。

每次抢牛粪我都斗志昂扬身轻如燕，凌空飞出去一两米远落地后，顺手将木棍像是丢飞镖一样丢出去，抢占到一坨牛粪后我又奋不顾身地冲向第二坨牛粪。

到了晚上，等牛群很嫌弃地离开了以后，我们才得意扬扬地开始清点大战之后的战果。

每当我和姐姐骄傲地把牛粪像是战利品一般带回到家里，都会受到父亲和母亲的表扬，也能吃到平日里难得吃到的饭菜。

虽然我小时候贪嘴好吃，但我有个"怪癖"，就是我和别的小孩子不同，别人吃过一口的东西我绝对不会吃。

学校的一位印度老师就对母亲说，你儿子是菩萨赐给你们的，他很讲究，不抢吃别人吃过的东西。其他人也告诉我母亲，你的儿子是要出家的人，因为他经常作出老和尚的动作。

所以9岁那年我离开了学校，从印度中部前往南方，开始了长达7年的僧人生涯。

3 寺院修行

9岁的我其实并不知道信仰为何物。在我们藏族的传统中，出家当僧人，侍奉佛祖和菩萨，终生都会有福报。

更现实的一点在于，我进入寺院当僧人，可以减轻家里的负担，也是很光荣的一件事。

那个时候为了维持生活，父亲和母亲都非常辛苦，每天都要忙着操持农活，从早到晚难得休息，可即便如此也只是勉强维持生存。

我们住的村子周围土地本来就贫瘠，可以开垦的地不多，而且大都掌握在当地人的手里。正因如此我们家里的地是在山下，为此还专门修建了一个农庄。

但因为村子和农田距离很远，山里的野兽时常出没，我们家里的田地动不动就遭到野兽的破坏,而身处异国他乡的我们也无法获得更多的帮助。所以父亲和母亲合计着索性把家从印度中部迁移到南部,这样距离我当僧人的寺院还能近一些。

不管好还是不好,生活总是要继续的。

我们家搬过去以后,父亲和母亲又开始了新的劳作与忙碌。在农忙结束以后,父亲和姐姐又马不停蹄地去很远的城里购买一些毛线衣、小商品和小玩具,然后挂满全身,行走在大山中的每一个村庄,兜售这些小商品,从中赚取微薄的差价。

那时的我体会不到此中的艰辛,看着父亲身上挂满了玩具和毛线衣,觉得父亲走路就像跳大神一样滑稽。

而姐姐比我懂事多了,她很小的时候就跟随着父亲四处行商,足迹踏遍了大山里的每一个小山村,那时候姐姐很厉害,会说印度各个邦的方言。

新家安顿下来没过多久,9岁的我就懵懵懂懂地进入了寺院,懵懵懂懂地成了一个僧人,懵懵懂懂地开始念经礼佛。直到很多年以后才意识到,那段修行经历对我的人生有多重要。

我修行的寺院位于印度南部,是哲蚌寺朗色林分寺,也是当地很大的一个格鲁派寺院,我和很多小伙伴都住在崩布拉康仓中,类似大通铺的那种宿舍。

新的环境,新的生活,新的功课,一切对我和我的那些小伙伴们来说都是新奇的,甚至是神奇的。

每天早上5点钟天还没亮,我们就艰难地起床,在朗色林的殿堂中念经,两个小时后我们在导师的教导下学习经书,还有一些哲学基础理论。又两个小时过去后,我们回到各自的康仓吃午

扎巴格丹（左二）与老师、同学合影

饭，餐都是分寺里做的，然后匆匆忙忙地去上书法课。

书法课很有意思，和中国传统的书法不一样，我们是在木板上练习书法。寺院里的师父会在平整的木板上涂一层废弃电池的黑色溶液，然后再喷上一层白色的炭灰，那时的我们根本不知道废弃电池的黑色粉末对身体危害极大，只知道它利用起来很方便。

木板在经过绷线后，出现了一道道白线，就变成了一个"书法练习本"，并且可以循环使用。

我们拿着削尖的竹笔，在木板上留下藏文字母的刻痕，白底黑字，看上去非常富有美感。当然一开始的时候，字体肯定是歪歪扭扭的。一般我们要想把书法练好至少要在寺里学习六七年，每一年都有不同的书法课程，每节课的时间为一到两个小时。

书法课结束后我们洗脸洗手，紧接着又上哲学课。用过晚饭，寺院里所有的僧人都要在一起念经，念完经我们还要背修，就是背诵经文，而修行高一些的僧人会组织辩论经文，一辩就辩到半夜。为了防止因为太困了睡着，我们背诵经文的时候都是在外面，在皎洁的月光下来回走动，一个比一个声音大。

书读百遍，其义自见。古老晦涩的经文便是在月光的照拂下，流淌到我们的内心深处，带来一份独有的祥和与安宁。

直到现在我每天都会抽出时间来诵经，观想菩萨，感悟佛法，这已经成了我生活中乃至生命中的一部分，不可或缺的一部分。而每到夜间，我看到天上的月亮，也会回忆起童年时月下诵经的那段时光。

不能指望一个9岁的孩子安静地盘膝坐下来，专心一意地探寻佛经的殊胜法门，去挖掘人活着的终极意义。我只是一个9岁的孩子，好吃，贪玩。

即使到寺院当了僧人我也很调皮，总会给自己找到玩耍的机会，而调皮的代价也是惨重的。

我们寺院有自己的田地，有自己的耕牛，我们闲暇时要轮流看管田地，或者放牛，这是我们很喜欢的"放风"的机会。有一次放牛的时候，我偷偷爬上水牛的后背，然后很不幸地摔下来，摔断了左胳膊。

那时的医疗条件非常简陋，也没有什么治疗手段，恰好有一位来印度探亲的瑞士藏胞，她用一条绷带缠在我的脖子上，然后把断了的胳膊吊起来。可是没人告诉我该什么时候把绷带解开、把胳膊放下来，以至于后来我的胳膊吊的时间太久了，不能伸直，变成了L形。

我的老师一看坏了，小孩子的胳膊怎么能成 L 形呢？为了让我的胳膊恢复原状，老师就监督我，每次我挑水、倒茶、抬东西的时候只能用左手，一旦我用右手老师就轻轻地打我以示提醒。果然，没过多久我的胳膊能够重新伸直了，却又变成了 I 形，弯不过来了。

小伙伴们见到我总是哈哈大笑："扎巴，你能用左手摸到你的鼻尖吗，你要能摸到就给你一个玻璃弹珠。"

当然摸不到了，我那条无法弯曲的胳膊，僵硬得就像用混凝土浇筑过一般。

我在寺院里其实挨过很多打，各种老师的打，各种各样的打，但是父亲一般都不会放在心上，不管是出血或者留下伤疤，父亲都会一笑置之，兴许他觉得一个男子汉根本不用在意这点小伤。但我的胳膊出事后他却很在意，大概因为在茶马古道上，马帮人肢体上的健康和完整非常重要。

父亲花了三天两夜的时间乘车赶来看望我，并把我带到医院治伤，为了请翻译和医生沟通，他又花了不少钱。

父亲带我去的那家医院是公益性的，所有的治疗都不用花一分钱。医院非常简陋，一大片草皮上坐落着几间破烂的房子，所有来看病的人都蹲在草地上，挨个走进房子里看病。

医生在看过我的胳膊以后，开始用椰子油和姜粉涂抹我僵硬的关节，用竹条包起来捆得严严实实，每隔半个月去复诊一次。花了很长的时间胳膊总算恢复了正常。我又能摸到自己的鼻尖了。

胳膊好了以后，我并没有因此而收敛，大概也是我在寺院的功课很好，助长了我贪玩的习气。

寺庙里常常停电，一停电我们这些小僧人就都很开心，因为停电了我们就不用背书背到太晚，老师会让我们早早地去睡觉。

为了晚上能早睡一会，有一次我偷偷爬上房顶，拉开电线外的石棉网，用手指绞着电线直到把电线扯断，电线断的时候我被电了一下，还好我的手只是麻了一下就没事了。

停电以后老师请来了电工师父修理电线，师父认为电线是被耗子咬断的，打着手电筒到处寻找电线断裂的地方，一直找到我们小僧人住的地方。我和小伙伴们都躲在被窝里偷笑，笑得直打滚。

没有不透风的墙，当师父得知停电不是耗子干的而是我干的"好事"时，狠狠地教训了我一顿，那时我才意识到自己的行为有多么危险，以后再也不敢碰电线了。

寺院里有一个年纪大的僧人专门负责管理我们这些小僧人，他的耳朵不太好使，我们经常在背后偷偷地取笑他，模仿他的样子。

有一次上课时间到了，老僧人就拿着一根竹根击打悬挂的铜锣，敲得咣咣咣直响。我们一大群人急急忙忙地进入教室开始摇头晃脑地念经。我坐在最中间一排，中间两排是负责领经的。当老僧人在教室里来回走动的时候，一些调皮的小僧人就开始吹口哨，嘻嘻哈哈地闹成一团。

不巧，那天老僧人似乎听到了一点动静，若是在平时他根本分辨不出声音到底是外面传来的还是教室里发出来的。老僧人立刻就锁定了吹口哨的小僧人，很生气地拿起竹根走上去乱打，小僧人们一哄而散，纷纷从窗子跳了出去，我刚起来要跑的时候他把竹根丢了过来，正好砸在我的头上。

我的头被打破，流了好多血，当时也没觉得有什么，跑到水管前把伤口上的鲜血随便冲洗了一下，也就忘记了这件事。然而过了一段时间，我头上的伤口开始溃烂，甚至还生出了虫子。

等我回去探望母亲的时候，她看到我头上的伤顿时吓坏了，赶紧叫来几个邻居帮忙，几个大人抓住我的肩膀按着我的头，母亲用一个铁勺盛着香油，等香油在火上烧开了以后，她直接把烧开的香油浇在我的脑袋上。

可以想象我当时的疼痛还有喊到沙哑的尖叫声和哭声，直到现在我摸着那个伤疤都会隐隐作痛、手指哆嗦。

我头上的伤口好了，虫子也被烫死了，只是脑袋上留下一个疤。母亲其实懂得很多治病的土方子，村里的小孩子病了以后都会找她看病，但比起她的医术来，我还是更钦佩她的酿酒术，母亲酿造的酒很好喝，给我留下的也是甜滋滋的回忆。

因为寺院离家很远，我一年只能回家一次，到了后来几年才回一次。每次我回家或者妈妈来看我的时候，我就会偷偷地把一个玻璃瓶交给她。

"哪里来的？！"母亲第一次看着玻璃瓶里面装的酥油时，先是惊讶了一下，然后变得很紧张，一把把我扯过来，很严厉地问道。

我被母亲的样子吓到了，比头上浇油的时候还害怕，只好委屈地抹着眼泪，抽噎着好半天才把事情说清楚。

寺院里一般有人常年供应酥油，僧人们都很喜欢喝酥油茶，我们一天喝三次。每次喝的时候，我都会轻轻地吹碗边的酥油，等它冷却凝固后就小心地刮下来，偷偷装进玻璃瓶里。

那时候酥油很贵，只有条件稍好的寺院才能经常喝到酥油茶，所以我平时才把酥油存进玻璃瓶里，见到妈妈的时候拿给她。

酥油不是偷的，是我省下来的。

随着年龄的增长，我开始意识到家里的生活过得其实并不好，因为母亲疲惫的背影，也因为父亲行商的脚步走得越来越远。

在我13岁那年，一场流感侵袭了印度南部，我得了严重的感冒，母亲得知后就带着我去公立医院打针。去公立医院看病时病人只需要花费一块钱，吃药和打针都是免费的，普通的病症一个疗程为一个星期，如果严重的话住院也是免费的。

养病的那一个星期，是我最幸福的一段时光。

每次打完针，母亲都会在医院附近的小饭馆里点一碗面，香喷喷的面条，她不吃，只是微笑着看我吃。她总说自己不饿。我知道母亲不是不饿，而是舍不得把钱花在她自己身上。

也是从那个时候开始，我明白了父母对孩子的付出是何等的无私。潜意识里我总想为家里做些什么，做一些比捡牛粪更大的贡献，所以我打算跟随寺院的技艺师父学习制作各种手工艺品。

这一点大概也是受了父亲的影响，父亲就很擅长做手工艺品，做过很多种艺术品和生活用具，到了节日他还会做些精致的藏戏面具送给村子，用于庆典时的表演。那时候在我心里，父亲几乎是无所不能的。

然而因为一次意外，我的学习还没开始就结束了。

4 命运的召唤

寺院里的很多老师都有很不错的手艺，我们的寺院能够自力更生，也多仰仗了这些师父们制作的手工艺品。我们康仓的师父直接管理我们为数不多的僧人，我们每天都和师父在一起，有时候学习时间会去其他的师父那里，下课以后依旧回到各自的康仓。当时我是崩布拉康仓里我们这一代藏族人中第一个当僧人的，后面又来了一个，现在已经发展到300多名僧人了。

康仓师父的木雕和缝工技艺很精湛，他总是无偿地给寺庙做义工，为寺院里雕刻东西。有段时间他在给寺院的大殿做木雕，等他走远了以后我就和同伴偷偷地跑出去玩。

有一次他照例出门了，可走到一半的时候突然又折回来，那时我和小伙伴刚跑到路上，被他撞个正着。

"噢，天哪，完了！"我俩赶紧跑回去，一人拿起一本经书认真地看起来。

师父回来后就拿起一根棍子，上来打了我的小伙伴，刚要打到我的时候我就一跳跑了出来，他追得越紧我跑得越快。

我当时心里很委屈，一时气不过，索性离开寺院一个人跑回了家里。当时父亲在外经商，母亲得知后又是气愤又是心疼，便让我留在了家里。其实按照传统的规矩，僧人擅自跑回家家长要主动把他们送回寺院。

整整两个月我都待在家里，直到我的一个亲戚师父找来，很生气地责备了我，也教育我了很多，重新把我带回寺院。

再次回到寺院后，我如愿以偿地放弃了哲学课及一些修法课程，开始跟随寺院的技艺师父们学习制作各种手工艺品，极大地丰富了我的生活。

我开始学绘画、构图，之后是刺绣，后来学制作布偶，那时候欧美来的客人都喜欢购买手工艺纪念品，有些布偶和泥塑甚至价值上千美金。我做的是25美元一个的布偶，它需要裁缝、刺绣、手工缝制等一道道细致的工序。开始时大家分工合作，后来我的技艺提升得很快，一个人就可以独立完成一个布偶。

我们每个月的工资只有70卢比，寺院免费提供食宿，这个项目其实是公益的，主要是为了让寺院能够自给自足。

当初我们放弃哲学和宗教仪轨而选择学习手工艺品，寺庙里很多人都看不起我们，认为我们是学不了哲学才去学手艺的。然而事实上却并非如此，后来我们的手工艺品给寺庙创造了不少价值，也改善了寺院的生活，我们这些手工艺者才赢得了大

扎巴格丹（左一）与朋友

家的尊重。

每个寺庙都拥有很多田地，为了防止野兽尤其是野猪破坏田地，每四五亩就有一个僧人做"帕中"（防备野猪的人），远一点的田里会派两个僧人，除了寺院里的高僧和格西外，所有的僧人都要轮流做帕中。

从第一天晚上7点到第二天早上7点，僧人们会爬上木质的带草棚的高架子，守护田地，整个晚上都不能睡觉，否则野猪破坏了田地，做帕中的僧人就会受到寺院的处罚，处罚严重的要继续做三个晚上的帕中。

寺院里为了防止做帕中的僧人睡着，会发给他们手电筒，还有一些糌粑和"恰当"（没有酥油和牛奶的茶水）。

后来因为我们的手工艺品为寺院带来了收益，生活宽裕了一些，做帕中的僧人终于能喝上酥油茶了，而且是最好的酥油茶。

每次遇到做完帕中的僧人，他们都会冲着我们微笑，这让我们心里充满了喜悦和满足感。

很多人都认为一旦出了家，生活似乎就失去了乐趣，青灯古佛，寒蝉凄切，然而事实并非如此。

也有很多人认为一旦出了家，就把谋取利益看作是一件很不好的事，我却不这么认为。

宗教本身有超脱的一面，同时也有世俗的一面。

释迦牟尼就是一个来自世俗的人，他弘扬佛法的时候，不也一样袒着肩赤着足，行走在世俗中吗？

佛法赋予我们慈悲，赋予我们随喜之心，赋予我们内心的丰盛和来自信仰的力量，然而它最终要将福报降临我们自身，降临我们身边的人。

我们制作手工艺品，既能陶冶性情，也能愉悦他人，还能为寺院里的人带来福利，我觉得这就是一种彼此的成全，这就是一种分享。

那时的我过得非常充实，在寺院进修功课，制作手工艺品，而随着年龄的增长，我开始接触外界的文化。

我很喜欢印度歌舞，也喜欢迈克尔·杰克逊（Michael Jackson）。还经常偷偷地溜出去看电影，如《大篷车》《奴里》《流浪者》，还有《迪斯科舞星》。《迪斯科舞星》里面的歌曲非常好听，每一首我都会唱，我不但模仿电影里男主角的歌声，还模仿他的舞姿。

我拿着一根玉米棒子作麦克风,一边唱一边作出很夸张的动作,逗得小僧人们哈哈大笑。

还有迈克尔·杰克逊的经典歌曲《Beat It》,我每次唱的时候都会模仿他的招牌动作"太空步",直到现在我都会跳,而且跳得还不错。

有一次傍晚我们30多个小僧人集体偷跑出去看电影,这在当时算是一件很大的违规事件了,寺院里的师父们暴跳如雷,等我们回来以后,在我们每个人的屁股上狠狠地抽了100下板子。

对我而言,这个世界是新奇的,是丰富多彩的,是五彩缤纷的,它不仅来自父亲火炉旁的种种述说,也来自我自身的真切感受。所以即便知道会挨打,我也会抓住机会偷偷地跑出去看电影。

我不能像父亲那样行走各地,只能从电影中去感受外面的世界。

15岁那年,我如愿以偿地走出去了。

我们制作的手工艺品,一些布偶,还有法国很流行的餐布,在外面很受欢迎,所以我们把制作好的手工艺品带到印度各地,甚至寻找机会带入国际平台。我们在进行交易的同时,也和当地的师傅们进行交流。

就像是一群候鸟,夏天的时候我们去印度北方,冬天的时候就回到南方的本寺庙,在那两年的时间里,我增长了很多见识,英语和印度语也变得更加流利。

有时候我们抵达一个城市,也会帮助当地的富贵人家搬运一些物品,赚取一点小费。

15岁时的扎巴格丹

每当我们把物品或者手工艺品搬进富人的别墅,我们就只能蹲在地上,或者站得远远的,一脸羡慕地看着那些坐在沙发上的贵人。

印度是一个社会等级森严的国度,自从公元前雅利安人征服印度北部后创建了种姓制度,以血统为阶级的社会体系就一直延续到了今天。

在印度的城市里,只有那些所谓的贵人才有资格坐着,像我们这些来自异国他乡的人,甚至连本地人都算不上,连靠近沙发的资格都没有。

那个时候我就在想，我什么时候才能和他们一样，也能坐上沙发啊。处在青春期的我开始对未来产生了迷茫，开始一次次地问自己，到底我想要什么，我追求什么样的生活，我究竟想要什么样的人生？

我从小就喜欢四处乱走，每到一个新的地方都会感到兴奋激动，不会因为遇上一些阻碍而有所退缩。从很小的时候开始，我从印度中部到南方，再从南方到了北方，一路上的风景，一路上的经历，都让我感到新奇和兴奋。我一直都在向往着、发现着、追求着属于自己的那片天地。

世界那么大，我觉得自己应该走出去看看。

我还没有走过茶马古道，没有去过父亲走过的那些充满传奇的地方，我没有见过祖国的大好河山，我甚至没有见到过我的故乡，除了在梦里。

如果有机会，我一定会走出去，走得更远。

那时的我根本不知道，命运的齿轮已经悄然被拨动，远在万里的故乡，已经向我发出了命运的召唤。

那是1986年，我，扎巴格丹，16岁。

5　回家的路

　　香格里拉的秋天，天空湛蓝，草原被染成了金黄色，纳帕海就像一颗璀璨的明珠镶嵌在金色的草原上，澄澈的湖水中倒映着一座座巍峨的雪峰。

　　这是最美的季节，也是丰收的季节。

　　1986年秋日里的一天，称尼村的一家小院前，斯南卓玛把最后一捆青稞挑上架子，她擦了一下额头上的汗水，看着满架的青稞，心中充满了喜悦。

　　今年的收成不错，又能过一个好年了，希望这一份吉祥也能给今天带来好运。

　　回到家中，斯南卓玛吃过糌粑，收拾好一切后，背起1岁大的孙子安杰出了家门，向村子外走去。

每月的这个时候,她都会前往五六公里外的寺庙,拜托寺院里的僧人帮她写一封信,那是写给父亲的信。

两年来月月如此,这已经成了她的习惯。

信件会寄到哪里她不知道,父亲能不能收到她也不知道,然而这却是她唯一能做的。

3岁那年,父亲就离开了她,她和弟弟与母亲相依为命。

父亲17岁那年远走他乡去了印度,从此音信全无。

有人对她说,卓玛,你的父亲抛弃了你们,你应该恨他,但卓玛却从没有这么想过。

在那个动荡的年代,上演了太多的悲欢离合,有太多的人身不由己,而父亲不过是其中的一个。

她坚信血脉相连的亲情不会被时间和空间所阻断,她坚信在菩萨的保佑下,父女终会有团圆的那一天。

那一年,母亲去世了。

那一年,弟弟因为修水沟的一次意外,被炸药给炸死了。

那一年,丈夫因为一场灾祸左脚落下了残疾。

至亲们相继离去,卓玛一次次承受着打击,对父亲的思念与日俱增,却也因此而倍受煎熬。

好在上苍保佑,改革开放的春风吹到了建塘,藏族人的生活开始好转,开明的政策也日渐被外界所知。

从1985年瑞士的藏胞第一次回国探亲后,国外的藏胞陆续回到家乡探亲,和家人团圆,有些藏胞在政策的安排下,就此定居了下来。

当一些归国的藏胞开始出现在建塘的时候,卓玛看到了希望。

1985年扎巴格丹与朋友在印度

也就是从那时候开始,卓玛开始四处打探父亲的消息,每月都通过藏胞捎信。

父亲已经离家太久了,她害怕父亲忘记了回家的路,她害怕父亲并不知道家乡发生的改变,她迫不及待地想要把一切都告诉父亲。

一封封的信件,维系着一个女儿对父亲的思念,每一封信件,都是卓玛一次深情的呼唤。

父亲,你在哪里?

父亲,回来吧,女儿想念你。

大概是卓玛的执着感动了上苍,老天不愿再看到一家人骨肉分离,她今天寄出的这封信,兜兜转转,跨越千山万水,终于抵达了父亲的手中。

斯南卓玛,我同父异母的姐姐。正是她一封封的信件,一次次深情的召唤,改变了我的命运。

彼时的父亲,正在印度的一座寺庙中担任活佛的厨师。当他从相识的同胞手里接过信件的那一刻失声痛哭。

20多年来,音信阻隔,天各一方,曾经的亲人、美丽的建塘,只是一次次出现在他的梦中,一次次闪现在他寂寥无人时的泪光中。

他怎么也没有想到,有一天他会收到万里之外女儿的来信,他简直不敢相信自己的眼睛。

对女儿的思念,对家乡的思念,如潮汐般涨落,再也无法平息。

父亲当即给女儿回了信,他迫不及待地想知道家里的一切,想知道家乡发生的一切。

父亲不懂汉语也不懂英语,只能找人帮忙把去信的地址抄下来,然后再剪下来贴在信封上。

度日如年中,父亲收到了女儿卓玛的第二封信,还有一张全家福照片,卓玛和她的丈夫,还有他们的四个儿子,他们都穿着绿色的服装,戴着嵌有红五角星的帽子,个个英姿飒爽。

卓玛在信中详细介绍了家乡近年来发生的翻天覆地的变化,还有政府越来越开明的政策,进一步消除了父亲心中的担忧和疑虑。

父亲终于作出了决定,回国探亲。

1987年的一天,就在我前往印度北部参加一次手工艺品交流会的时候,父亲风尘仆仆地出现在我的面前。

"扎巴,你愿意跟我回国吗,回到咱们的家乡吗?"父亲有

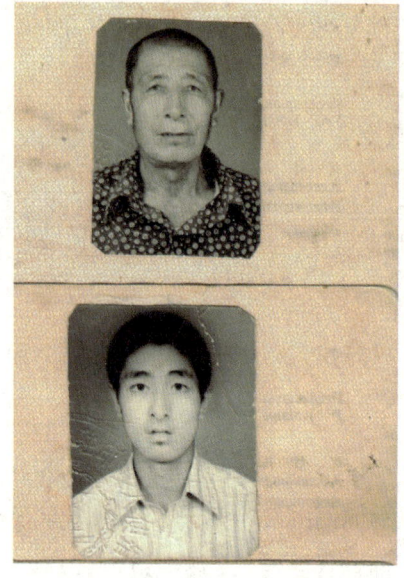

1987年扎巴格丹与父亲回国时的旅行证

些深沉地看着我,对我说道。

回国?

回家?

我一脸惊愕,心脏却像是被什么狠狠地撞击了一下,剧烈地跳动起来。

父亲接着说:"我已经把你养大了,而在建塘你的家乡,你还有一个姐姐,我在她3岁的时候就离开了她,没有尽到一天父亲的责任。所以我要回去,你愿意跟我回去吗?"

我有些恍惚,甚至不知所措。

家乡于我是陌生的,却又是熟悉的;于我既是期待,却也有难以言喻的怯意。她一次次出现在我的梦里,一次次出现在火炉旁父亲的喃喃自语中。

我的心脏剧烈地跳动起来,迎向父亲的目光,用力地点了点头。

回家！

回家的路并非一帆风顺，我们必须绕道尼泊尔，由尼泊尔前往西藏，之后再从由西藏回到建塘。

我和父亲专程前往新德里的中国驻印度大使馆办理旅行证，证件办好后，从印度北部边境进入尼泊尔。

离开尼泊尔的时候，我和几位尼泊尔的朋友一一告别，正是在他们的帮助下，我解决了很多棘手的问题。

其中的一个朋友还送给我一块很旧的瓦时针瑞士手表，我到了加德满都把手表修好后就戴在了手腕上。

那位朋友可能也不曾料到，就是这块旧手表在我回家的路上起到了至关重要的作用。

我和父亲随后出发了，我们的行李并不多，只有一个大铁箱、一个大背包，但对徒步行走的我们来说却是沉重的负担。

一路上我们遇到很多尼泊尔村民，只要付给他们一点钱，他们就会帮你把箱子背到他们村子的边界，然后像是接力赛一般，下个村子的村民再收一点点钱，把行李背到下一个村子的边界。

为了省下这些钱，我主动承担起背箱子的任务，而我唯一的要求就是到了拉萨之后，父亲能为我买一条牛仔裤。

是的，牛仔裤，我做梦都想拥有一条牛仔裤，在印度的街头我羡慕每一个穿着牛仔裤的人。我一路都希望父亲能给我买一条牛仔裤，可每次到了一座小城父亲都忽略了这件事。

然而我高估了自己，很快，沉重的大铁箱就压得我喘不过气来，泥泞崎岖的道路让我踉踉跄跄，东倒西歪。

我筋疲力尽地停下来，向着父亲大喊道："我背不动了，我

扎巴格丹与朋友。中间是送给扎巴格丹旧手表的尼泊尔人。

不要牛仔裤了!"那一刻我生无可恋,心如死灰。

从尼泊尔进入西藏后,道路越发难行,洪水冲断了大路和小路,我们父子俩的行程犹如一场噩梦。

就这样我们磕磕绊绊,走走停停,终于在8月底到达拉萨,我们终于可以喘口气了。

父亲最终还是没有给我买牛仔裤,而是给我买了一双旅游鞋。在之后的旅程中一次次的证明,父亲的决定是英明的。我需要的是一双鞋,而不是一条牛仔裤。

短暂的休整后,我们又开始上路了,幸运的是沿途有不少朝圣后开着卡车返回康区的康巴人,有时候会捎上我们一程。

颠簸的山路上,我和父亲坐在东风或者解放牌大卡车的车厢里,和满车厢的货物一起来回晃荡,或者被甩来甩去;每次车辆沿着狭窄的小路转弯的时候,我都会死死地抓住车上的货物,惊恐地看着车厢外险峻幽深的峡谷。

我记不得搭过几次便车,但有一次搭车的经历却是印象深刻。

依旧是一辆大卡车,我们坐在车厢里,同行的一个康巴人无意中看到我手腕上的手表,就想用他的新瓦时针表跟我交换。

当时在西藏有两样东西最流行,一个是印度羊毡帽,一个就是瓦时针手表。而手表的老旧程度往往代表着年份,在很多人看来旧手表更有价值,所以他才提出换表的要求。就在我答应换表的那一刻,父亲再度显现出他的精明,他告诉那个康巴人,他同意交换手表,但额外要给我们一袋糌粑、一大块肉干。

那位康巴人爽快地接受了条件,于是我的瓦时针表由旧变新,同时我们还多了一个星期的口粮。

之后我们走走停停,能搭车就搭车,就这样抵达了芒康,过了芒康就是云南的地界了,距离我的家乡又近了一步。

糟糕的是,当我们抵达竹卡区的时候,因为泥石流造成的山体崩塌,我们回家的道路被阻断了。

很快我们的糌粑和肉干都吃光了,路费也快没了,望着依旧没有通车的道路,我的心里开始发慌。

山脚下正好有一个牛场,我想过去看看能不能找到吃的,可我刚到牛场附近就被一只藏獒追得到处乱跑,膝盖以上被藏獒狠狠咬了一口,鲜血直流。我从地上抓了一把灰撒在伤口上,擦掉血迹重新回到堵路的地方,几位好心的康巴人看到我受伤了,就告诉我不远的地方有个兵站,我到了兵站才把伤口消毒包扎了一下。感恩兵站的医务人员没有收我一分钱。

和我们一起被泥石流拦住去路的还有一辆邮局的邮车，邮车司机无意中看到了我手腕上的新表，很是心动。经历一番并不激烈的讨价还价，我们双方最终以200元人民币的价格成交，交易自然是父亲出面达成的。

就这样，我的新瓦时针表又变成了现金，而这200块钱足以支撑我和父亲回到家乡。

感恩，送给我手表的尼泊尔朋友。

道路上的石块终于被清理完毕，重新恢复通车，我和父亲给了邮车司机一些钱，搭着邮车继续前行。

这一次搭车是我们漫长路途中条件最好而且最顺利的一次，以往的搭车要么是路坏了，要么是车坏了，或者是卡车的油烧光了抛锚在荒郊野岭中。

旅程中发生的种种意外，一如我们的人生，我们一次次地由期望变成失望，又从失望重新燃起希望。

邮车有顶棚，是我们一路上搭乘过的唯一有顶棚的车，车厢里面的东西不多，都是一口袋一口袋的信件，而且乘客只有我和父亲两个人。我很舒服地把装着邮件的口袋枕在头底下，在车厢里面愉快地打滚，父亲在旁边直笑话我。

可惜这段旅程很快就结束了。到了德钦后我们在梅里雪山脚下住了一夜，父亲那时候开始就变得很轻松了，他告诉我到了德钦就等于到了建塘。以前在马帮的时候，父亲他们经常在德钦这边停留、借宿，两地的马帮拉朵很团结并且相互扶持。

第二天在德钦县的客运站，我们坐上了前往建塘的大巴车。

近乡情怯，越是接近家乡，我的心里就越是紧张不安。

家乡于我是陌生的，也是熟悉的；它游离在我的梦境中，也深藏于我的血液中。

我不知道自己将面临什么，我无法预知想象与现实之间的距离有多大，我更无法预知我那从未谋面的姐姐，还有那些亲人，会怎样面对我的到来。

我心急如焚，却又希望大巴车能跑得慢一点，给我多些心理准备的时间，虽然这种准备毫无意义。

然而大巴车不以我的意志为转移，终于爬上了一道垭口。我站起身来，扶着座位看向窗外，被眼前壮丽的景象惊呆了。

巍峨的石卡雪山，美丽的草原，明珠一般的湖泊，它们美得超凡脱俗，就像是一幅画，一幅在我梦中无数次出现的美丽的卷轴画。

纳帕海

父亲站在我身边，眼中蒙上了水雾，指着远方的那片湖水，激动地说："看那，那就是纳帕海！"

1987年，我，扎巴格丹，终于回到了我的故乡。

6 扎根故乡

建塘客运站外人来人往，热闹非凡，有很多做小买卖的人：卖包子的、卖玉米的、卖烧烤的、卖凉粉的……不停地吆喝着生意，却是我听不懂的南腔北调。

空气中弥漫着食物的香甜气息，似乎也在提醒着满面风霜的父亲和我，我们已经站在了故乡的土地上。

就在我被五花八门的食物所吸引的时候，父亲正用方言和当地人交流，很快他就询问到姐姐同村子里的人，那位大叔冲着我笑了笑，骑着自行车就给姐姐报信去了。

姐姐就要来了！

人群中，一位穿着建塘藏式服装的妇女匆匆忙忙走了过来，虽然我从没见过她，但我认定她就是我的姐姐斯南卓玛。我的内

扎巴格丹香格里拉的姐姐

心里涌动着喜悦和激动,以至于大脑一片空白。

姐姐也认出了我,激动地和我拥抱了一下,然后快步走到父亲面前。

"阿爸!"

"卓玛!"姐姐和父亲泪流满面,相拥而泣。

这一次拥抱,他们足足等待了28年!

父亲怜爱地抚摸着姐姐的头,说了很多很多的话。和姐姐同时赶来的亲戚们也热闹地围绕在父亲身边,每个人都非常激动。

过了一会儿，姐姐的大儿子安旺开着他的解放牌卡车来接我们，当副驾上的人下来了以后，我冲着他笑了笑赶紧坐了上去，经过回国的100多天的旅程，我终于坐进了驾驶室。

从客运站到称尼村只有十来分钟的车程，不一会儿我们就到家了。姐姐先是带着我们去老宅子见姑妈，姑妈的年纪有些大，很慈祥。他们准备好晚餐后，大家围坐在一起吃饭，姑妈和父亲分别讲起了这些年的经历，每个人的心里都充满了感慨。

饭后我坐在火塘边，一直想喝一点甜茶却不敢开口。眼看天快要黑了，姐姐站起身对父亲说："阿爸，我们回自己的家吧。"

父亲当时非常吃惊，他一直认为姐姐和原来的老家人住在一起，却没想到姐姐早就分家建房了。姐姐的家不远，几步路就到了，姐姐家的房子很大，火塘里的火也烧得旺。她专门准备了各种各样的建塘特色美食，吃的喝的都有。这时候我才偷偷地问姐姐有没有甜茶可以喝。姐姐一脸茫然，听着我结结巴巴的解释，她才知道什么是甜茶。家里没有甜茶，她就在一碗酸奶里给我加了一些红糖，我一口气就吃光了。

姐姐知道父亲喜欢喝酒，一次次端起最好的青稞酒请父亲喝。虽然时间已经很晚了，但是父亲、姐姐还有侄儿们依然在说着话，父亲没完没了地讲述他在茶马古道上以及在他乡的生活，姐姐也在讲她成家的经过、怎么从合作社里赚工分建房、"文化大革命"、农村合作社和包产到户等等。其实很多我当时都听不懂，也是后来才懂的。姐姐看到我困了，就赶紧让我去休息，而他们依旧围在火塘旁，仿佛要把这28年来憋在心里的话全部讲完。

第二天，所有的亲戚都来了，父亲的旧相识们也来了，每个人的脸上都带着由衷的喜悦，长辈们看着我的目光里也充满了温暖和慈祥。

被那么多人包围着，被温馨和喜悦包围着，我笑了又哭，哭了又笑，至今想起那一天的情形，依旧充满了梦幻。

最高兴的自然是姐姐，时隔28年的父女重逢，对她而言是生命的一种圆满。

很快当地政府的领导也来了，跟我和父亲讲了很多改革开放以来的成就，给予了我们极大的关心，并且告诉父亲，欢迎我们定居下来，政府会按照相关政策来安置我们。

姐姐和亲戚们也劝说父亲，希望我们能够留在家乡。

恰在那时父亲生了一场大病，考虑到返回印度的艰难旅程，他决定留下来。那年第一批定居的回国藏胞，整个迪庆州一共有17人，我是其中最年轻的出生在异国他乡的藏胞。

父亲那时候想当然地以为，我们安顿好了以后，可以找机会把在印度的母亲和姐姐接过来。然而他没有想到，不久后"来去自由"的政策取消了，以后再没有这样的机会。

对于那时候的我而言，早前的忐忑不安，还有对家乡的陌生感，早就消融在亲情和对美好未来的想象中了。虽然我还会挂念寺院，还会想念我的上师。

儿时的我经常坐在火炉旁，听父亲讲述家乡的美丽，讲述茶马古道的传奇，他所经历的各种历程，他的感恩，他生命中寄居过的一座座尼仓，这点点滴滴早就在我的心里生根发芽，并且幻化出无穷的想象。

一切传奇的开端就是我脚下的这片土地，我的家乡建塘，我也想象着就从这里开始,像茶马古道上的父辈们一样踏遍千山万水,甚至憧憬着能够完成父亲的夙愿,成为一名马帮的敬达。

是的,我是马帮的后代,我是建塘的儿子。

政府得知我们决定定居下来以后,非常热情地为父亲和我办理了身份证,上了户口,还将村子的老宅子以及土地和耕牛一并分配给了我们,还给了我们一笔安置费。父亲把这笔安置费都给了姐姐,这引起很想拥有一辆自行车的我的不满,不过后来我理解了父亲的心意。

安顿下来之后,政府为了让我们了解国内发生的可喜变化,专门组织定居的藏胞去沿海的一些城市参观,四川、广州、厦门、上海、南京、苏州、杭州……我们走过一座座城市,虽然只是浮光掠影走马观花,却给我带来了很大的震撼。

20世纪90年代扎巴格丹父子与亲友一起观看赛马节

那一次出行极大地开阔了我的眼界,以至于回到建塘后的很长一段时间里,我都会激动莫名,内心充满了躁动。

按照康巴人的传统,17岁的我已经是成年人了,父亲当年正是在17岁的时候成为马帮的一员,开始闯荡世界。

尽管我对未来有些茫然,但既然留下来了就先从力所能及的开始做起,就像是马帮里一名最初级的拉朵。

那时姐姐的大儿子在村子里开解放牌卡车,就是接我们回家的那辆车,我就跟着他去大理、保山等地售卖我们家自己种的洋芋,或者用洋芋来交换大米。香格里拉的洋芋是非常原生态的绿色食品,今天亦如此,那时候8—10斤的洋芋可以换1斤大米,而一些家里没有运输条件的村民,往往愿意拿出10—12斤的洋芋来换1斤大米。

1989年藏胞沿海地区参观团

我记得父亲当年在印度的时候，有段时间停留在喜马拉雅邦的默纳利（Manali）小镇，在一个洋芋生产基地打工，默纳利小镇的洋芋在整个印度都非常有名，那里的气温在20℃左右，到了默纳利有种找到世外桃源的感觉，那里简直是背包客、徒步旅游爱好者的天堂。

我开始卖洋芋的时候，总会想到父亲当年卖洋芋的那段经历，感觉很奇妙。

我们还做一些短途运输，拉运木材之类的，经常往返于大理和保山一带，那时候加油站的油价是5毛钱一公升。我们在跑长途的路上很少有睡觉的时间，有时候半夜车子突然出了问题，姐姐的大儿子就会自己下去修车，我当时非常惊奇，因为印度的司机很少有会修车的，他们出车的时候往往都会带着一个帮手。

然而随着时间的推移，我在生活上的不适应也越发地显露出来。在印度的时候我吃的蔬菜很新鲜，种类也很多，而在建塘却很少能吃到新鲜的蔬菜。我还喜欢咖啡豆的味道，喜欢听迈克尔·杰克逊的歌，喜欢看印度的歌舞电影，但在1987年的建塘，这一切都还没有出现。

最大的不适应，还是来自语言。我会说一点英语，会说印度语、乌尔都语，也会说拉萨的藏语，唯独不会说汉语。

我们村子里没有理发店，每次理发我都要进城去合作社的理发店。理发店的两个理发师不会说藏语，而我不会说汉语，所以我只能用手势笨拙地比画着，他们看着我都笑了，还以为我是哑巴。我只好用藏语夹杂着汉语，一个词一个词地从嘴里往外蹦，告诉他们我不是哑巴。其实他们人都很好，后来我们还成了很好的朋友，我每次去理发他们都会请我去家里吃饭。

　　生活上的不便是一个方面，真正促使我下定决心学习汉语的，是我找工作的那段经历。那时的我还压根没想到去创业，去做旅游做民宿，也不敢去想，我只想成为一名光荣的公务员。

　　在那个年代公务员是很风光的职业，不是一般的风光，一旦入了公职，就有了各种保障，相当于捧着一个铁饭碗。所以在父亲和姐姐的鼓励下，我试图凭借着粗通几门语言的优势，找一份公务员的工作。因为不懂汉语，我一次次碰壁而归。

　　那时我才真正意识到，不懂汉语是不行的，无论生活还是工作，都离不开汉语。

　　为了未来，我决定学汉语。姐姐和我在古城里的亲戚对此非常支持，虽然姐姐没有上过学，却深知知识的重要性；虽然她没有读过书，却比我见过的很多人都有智慧。

　　在姐姐和亲戚的帮助下，我进入古城的红卫小学，从最基础的汉语拼音开始学起。

　　大概我也创造了一个纪录，以17岁的"高龄"就读小学一年级。那真是一段尴尬而又有趣的经历，17岁的我身材高大，脸上也长出了胡子，坐在教室的最后一排，如泰山压顶，鹤立鸡群。流着鼻涕的同班同学，总是时不时地扭过头来，好奇地看着我这个大同学。

　　我那时候脸上的胡子也特别多，当时建塘一带流行用夹子拔胡子，听说拔掉以后就不会再长，可事实恰恰相反，胡子越拔长得越多，至今我都不知道自己胡子那么多究竟是天生的，还是因为那时候拔得太多的缘故。

讲台上老师咳嗽一声大声道，请同学们跟我一起读：阿喔鹅（aoe），衣乌迂（iuü）……

菩萨，救救我吧！

我以为上课的时候是最尴尬的，但是我错了。上课的时候只是全班的同学扭头看我，而课间做广播体操的时候我站在最后一排，是全校的学生扭头看我。

现在说起来那只是一个故事，但对于当时的我而言，那就是一场事故。

我急于摆脱眼前尴尬的境地，加上语言天赋也还不错，所以学得很快，成了班里的"尖子生"。

我这个人本来就很随和，也乐于和这些小我很多的同学们做一些游戏，教他们唱歌跳舞，所以同学们都很喜欢我这个大哥哥，经常和我聊天，我汉语进步就更快了。

有一次六一儿童节学校里搞活动，我这个"大龄儿童"带着同学们编排了舞蹈《粉红色的回忆》，出乎意料，我们的节目取得了全校第一名的好成绩。

渐渐地老师开始给我加担子，班主任不在的时候，经常找我来代课。我的汉语拼音字母写得很规范，因为在印度我学过英文字母正规的书法，拼音和英文发音虽然有些区别，但是写法却差不多。我也会收到高年级老师的邀请，去他们班里做讲演，交流学习心得。

频繁的交流，让我的汉语突飞猛进，基本上掌握了汉语的听说写能力，经过一次考核，我从一年级跳到了三年级。感谢学校的老师们，还有那位和善的副校长，给了我极大的鼓励和帮助，

1989年藏胞参观沿海地区时的扎巴格丹和父亲

1989年扎巴格丹父子俩在宿舍

才让我的学业如此顺利。

拥有了汉语的语言能力,我迫不及待地再次开始四处找工作,我的目标依旧是公务员,我认定了公务员。

迪庆州政协、民族和宗教事务委员会(简称"民宗委")、统战部、佛教协会、外事……这些能发挥我语言优势的单位我统统找了个遍。

让我感动的是州民宗委的吉树华先生和县民宗委的公秋称列主任,我每个星期都会去州民宗委和县民宗委,吉树华先生和公秋称列主任很热情也很友好,帮我打了很多电话联系工作,但始终没有敲定下来。

他们就安慰我说再等等看,并且给我提了一些建议,让我平时在汉语上多下一些工夫。此后的半年里,我每个星期一都去拜访他们,从未间断过。

父亲和姐姐他们都不认为我能找到公务员的工作,就劝我不要浪费精力了，有这个时间还不如去山里做木材生意，远比我找工作靠谱得多。但我始终有一种信心和感觉，我会找到公务员的工作。

那段时间我住在古城的亲戚家，即我父亲大舅的女儿家里，一家人对我都特别好，而且他们在古城的生活条件也很好，思想上很开放，他们非常关心我的未来，我找公务员工作的时候他们出了很多力，还经常给我买运动服，感恩他们对我的照顾。

每当我穿上运动服的时候就会想到李小龙，李小龙是我的偶像，不仅是一代功夫传奇，他的武学理念和哲学观点也让我很敬佩，"以无限为有限，以无法为有法"，他的这句话带给我极大的触动。

相信自我，不断突破，不断挑战自己的极限。在有限的环境中去开拓无限，没有路也要开辟出一条路来！

终于，我的坚持获得了回报，凭借着懂多种语言的优势，我如愿以偿，成功进入迪庆州民宗委，成为一名光荣的公务员。

那时候为了上学方便，我暂住在城里亲戚的家中，当我把成为公务员的消息带回到家里，家人和亲戚们都高兴极了，尤其是父亲和姐姐。

他们大概都没想到，我竟然真的找到了一份公务员的工作，他们在惊讶的同时，也真心为我感到高兴，成为公务员就相当于有了一个铁饭碗，以后什么都不用发愁了。

这份工作的意义还在于，我在家乡的土地上真正地扎下根了。

有了工作后，我开始攒钱，把几个月的工资都节省下来，给自己买了一辆永久牌自行车，圆了自己的一个梦。

为了工作方便，民宗委在单位附近为我安排了职工宿舍，等我搬进宿舍以后，就把父亲从村子里接了过来，想让他过过城里的生活。我还把父亲的重外孙，姐姐大儿子的儿子格桑培初也接了过来，为了让格桑有个好的教育环境，我又安排他到红卫小学上学。

那时候我的生活还是挺紧张的，宿舍的面积并不大，我们在房间一角的墙上钉了一些纸箱子，糊上了报纸，当然不是用牛粪糊的，我们建塘不讲究这个，城里就更不讲究；我又从姐姐那儿拉了一些木板，临时搭建了一间小厨房，我和父亲准备了几个吃饭用的大碗。

到了冬天的时候我因为怕冷，每天都要烧热水来洗脸，这一点让父亲很不满意。父亲告诫我说：真正的男子汉就要吃苦耐劳，而不是贪图安逸。

我明白父亲的语重心长，热水洗脸大概不能说明什么，重要的是我对艰苦环境要有一个适应的过程。

成为国家公务员不仅仅是荣誉，是铁饭碗，还代表着责任和义务。我不知道单位会把我分配到什么工作岗位，但哪怕是再艰苦的工作环境，我也应该做好充分的心理准备，不避艰险，脚踏实地。

工作安排大大出乎我的意料。1990年我接受民宗委的委派，前往松赞林寺，担任佛学院的教师。

转来转去，我又回到了寺庙。

7 我的公务员生涯

噶丹·松赞林寺,始建于清朝康熙年间,距今已经有500多年的历史,它不但是迪庆州最大的藏传佛教寺院,也是云南省最大的藏传佛教寺院,位居康区13林之首,同时也是川滇地区的格鲁教派中心,被世人誉为"小布达拉宫"。

每年藏传佛教不同教派的僧人都会前来松赞林寺进修,后来,这里办起了佛学院,初衷就是希望僧人们在修习佛学之外,能掌握其他方面的一些知识和技能。

我和拉萨来的一个同事担任老师,负责教授僧人们在木板上练习书法,掌握书写信件的格式,同时还教给他们一些生活常识。

那天清晨天色刚亮的时候,我就已经站在松赞林寺外的广场上,仰望着这座依山而建、渐次排列的雄伟建筑。

松赞林寺

松赞林寺

清晨的阳光照射在一座座高大殿堂的金顶上，折射出万道光芒，钟鼓楼报时的钟声响起来，浑厚肃穆的声音震撼心灵，无数神鸦在天空中盘旋飞舞，仿佛融化在金色的佛光里。

我沿着宽大的台阶拾级而上，越是接近寺院就越心生亲切，看到脚步匆匆的小僧人，就仿佛看到了童年的自己，听到佛堂里传来的诵经声，我就情不自禁地跟着一起念。

转经筒在旋转，经幡在飘舞，藏香的青烟在风中缭绕，我的心境立刻就安定了下来，就像是冰川下的湖水，纯净得没有半点杂质。

我在印度当僧人的那段生涯，对我来说无疑是意义重大的，它让我从一开始就有了正念，我也因此学会了很多东西：感恩、慈悲、随喜，这些都是我人生中最为宝贵的财富。

再次回到寺院，我心里是欢喜的。松赞林寺专门为我安排了宿舍，我看房子挺大的，索性把父亲和外孙格桑也接了过来。

大概也是因为我有过当僧人的经历，我在寺院里和大家相处得非常融洽，我很乐意将我掌握的知识分享给他们，将一些好的理念传达给他们。教学相长，我从他们身上也学到了很多东西。

很多时候我和他们不是老师与学生的关系，更像是朋友与朋友之间的关系，后来他们中的很多人确实成了我的朋友，直到现在他们有时候还会叫我一声老师。

1992年，为期两年的课程结束，我对自己的工作表现大体上还是满意的。

很多学生通过学习之后，都意识到了知识的重要性，他们回到各自的寺庙和村子里，通过各种途径开办了公益学校，宣传知识的重要性。还有一些僧人在经过培训后，意识到自己的不足，或者留下继续修行，或者去外地深造。

有几位年轻活佛受到课程的启发，就更加主动地去帮助那些村民，用学到的知识来造福众生，身体力行地践行"庄严国土，利乐有情"的宗旨。

我们希望他们能够承担起更大的责任。我经常对他们讲，也是父亲经常向我说起的：一棵大树的成长，不仅仅需要泥土里的养分，还需要阳光雨露，需要鸟儿帮它吃掉身上的虫子。

世间万物都是相互依存的，人一旦走入自私的牢笼，就是把自己隔绝于万物之外。一个把自己隔绝起来的人，又能获得多大的成长空间，取得多大的成就呢？

宗教也要像流水一样时刻流动，处在自我净化之中，还需要我们不断地挖掘、拓展宗教自身的内涵，去芜存菁。更不能因为有一些不好的东西存在,我们就否认宗教中积极的一面。就好像文殊菩萨手中的金刚剑,只是为了斩断贪嗔痴,并不是代表着暴力。

此后的很多年里,一直到现在,我在做传统文化的传承和推广时,都是抱着这样的一种态度,宗教的初心是要普度大众,我的初心也是要造福一方百姓。

佛学院的课程结束后,我从松赞林寺重新回到了民宗委大院。机关单位的工作并不算忙,下班之后才是我忙碌的开始,比上班的时候还要忙。

从20世纪90年代开始,迪庆州变得越来越开放,国外的亲友们陆续回国探亲,有些藏胞在家乡开办了孤儿院,不少僧人和当地人选择外出学习,或者出国留学深造。

很多当地的藏族群众因为不会写信,纷纷找到我,我自然是来者不拒,尽力帮助他们。

当初就是因为姐姐的来信,我才回到了故乡,一家人得以团聚,我怎么可能拒绝他们呢?如果我的帮助可以为解决他们的一些问题,能让更多的家庭得以团圆,那就是对我最好的回报了。

只是我没想到的是,来找我帮忙的人越来越多,甚至有些应付不过来了。很多次我下班回家,想与家人好好地吃一顿饭,可是一到家门口,就有七八个人早就等在那里了。他们有的是骑马来的,有的是搭乘拖拉机来的,有的是从很远的地方步行过来的……

他们中的很多人,甚至不知道寄信还需要信封和邮票,我怕引起不必要的误会,所以就帮他们垫上。一个信封几毛钱,一张

1990年时的扎巴格丹

国外的邮票几块钱,我垫付的越来越多,到了最后几乎自己都快吃不上饭了。

好在找我帮忙的人都很淳朴,他们经常会给我带一些当地的土特产:奶渣、酥油、洋芋、核桃,所以我一点也不担心没有饭吃,只要能帮到他们我就很开心。

到了后来,电话费开始便宜下来,国内国外的交流也越来越方便,老百姓的收入也越来越高。找我写信的越来越少,寄东西、寄钱的却越来越多,当时中国的皮鞋在印度很流行,而印度的一些东西在中国也很流行,很多人都通过邮递来互通有无。

我们这边当时用的是西联汇款,因为要填写英语地址,还要回电话,所以我能帮得上忙。因为汇款的量越来越大,引起了有

1992年松赞林寺第一期佛学班

关部门的注意,特意找到我这里了解情况,后来管理越来越严格,我只好把需要帮助的老百姓直接领到银行,写好汇款表格,让他们自己寄。

整整10年,我都在做这件事情。我一直都相信,人与人其实都是相互依存的,帮助别人的同时也是在帮助自己,成全别人的同时也是在成全自己。

我到了今天能够取得一些成就,完全是因为社会的帮助,那么有机会能够回馈这个社会,对我而言也是莫大的安慰。

用父亲的话说,要懂得感恩。

当然,帮人写信、寄东西不可能占用我全部的时间,实际上下班以后我也有自己的休闲方式:和朋友出去散散步,去舞厅里

1992年扎巴格丹带学生旅行

跳跳舞,去外面打打台球,但去得最多的还是图书馆。

我喜欢看书,喜欢接触各种不同的知识,有时候则单纯喜欢图书馆里的清净,在文化的氛围里总有一种类似于冥想的心境。

我的朋友阿平就在中甸(建塘)图书馆上班,他是大理白族人,按照当时的规定,在藏族地区工作的公务员必须要熟悉基础藏文,所以他在县委党校接受过相关的藏文扫盲培训。

我们算是一见如故,在图书馆里他请教我藏语,而我则向他学习汉语,我们很快就成了要好的朋友。他经常给我推荐一些馆里比较好的藏文书籍,我看不完也可以借回去慢慢看。

阿平也住在我们政府的大院里,下班后我们经常一起出去。好笑的是,我俩经常互相串门,他一来我父亲就不高兴,我一去

扎巴格丹在单位宿舍门口

他妈妈就不高兴,因为只要我俩在一起,肯定要出去玩很长时间。

到了周末,我经常去吉树华科长的家里,他是彝族人,按照彝族的传统,他家里经常会组织烧烤之类的聚会活动,非常热闹。

吉树华是州民宗委宗教科的科长,是我的领导,待人很热情,当初我找工作的时候就曾得到过他的帮助,还有县民宗委的公秋称列主任,也给了我很多帮助,他们都是我生命中的贵人。

同样是在政府的大院里,我遇上了我生命中最贵的贵人,我的爱人陈文英。

因为都住在大院的宿舍里,打水的时候我和小陈经常能碰面,每次排队的时候都会闲聊上几句,一来二去就认识了。

小陈在人力资源和社会保障局工作,是丽江的纳西族人,能歌善舞,性格活泼开朗,每天一副无忧无虑的样子,就像是一只快乐的百灵鸟。

每次见到她,和她说笑几句,我就觉得心情愉快,恨不得一天打10次水。那个时候我就知道,我喜欢上她了。

后来我约她一起去舞厅跳舞,有时候会一起散步,随着对彼此的了解越来越深,渐渐我们确定了恋爱关系。

小陈的母亲很早就过世了,父亲经常过来看望她,岳父人很好,见到我以后很满意,就偷偷地对小陈说:"这小伙子不错,你很有眼光!"

然而让我没有想到的是,我们的恋爱却遭到了父亲的反对。

父亲是个很传统的人,他始终觉得我应该找一个本民族的姑娘,他很担心我和小陈在以后的日子里,会因为文化习俗和信仰上的差异而产生冲突。

还有一点,父亲不懂汉语,更不懂纳西语,这样他就无法和小陈进行交流,在缺乏沟通的情况下,他当然不能接受小陈了。

毕竟婚姻大事关乎我一生的幸福,父亲怕我和小陈在一起会越陷越深,赶紧给我安排了一个相亲对象,对此我又生气又无奈。

有一天我直接去了小陈的宿舍,开门见山地对她说:"我要结婚了,你到底喜不喜欢我,愿不愿意和我在一起?如果你愿意,我一定会说服父亲的。"

小陈躺在床上背对着我,坐起来后她的眼中闪动着泪光,过了一会儿她向我轻轻地点了点头。

这就是答应了,我当时就鼓起勇气去找父亲。父亲拥有宽

1993年扎巴格丹与爱人结婚照

广的心胸,他的初衷也是为了我以后的幸福,当他看到我的坚持乃至是执拗后,同意了我和小陈在一起。

雨过天晴,一场家庭危机就此化解。1993年,在我进入州委民族干部学校深造的同时,我和小陈携手走进了婚姻的殿堂。

8 导游生涯的第一步

西方一位研究康巴文化的学者曾经提出,康巴人的特点就是心胸开阔,思维方式开放。因为康巴人不愿总守在火塘旁边而是要坚决地走出去,他们在外面开阔了眼界后就会把一些好的思想带回家乡来。

我觉得他的话很有道理。

回国6年,我安定了下来,有了稳定的工作,有了朋友,也拥有了自己的爱人,组建起了家庭,一切都很好。

但我并没有满足于眼前,我希望能够获得更大的空间,也能在更大程度上发挥自己的特长。

我才20多岁,怎能因为一时的安乐而消磨了斗志,又有哪个公务员不想把自己手里的铁饭碗换成金饭碗呢?

当导游时的扎巴格丹

迪庆拥有丰富的人文资源，壮丽的自然景观，吸引了不少国内外的游客，带动了当地的经济发展，再加上大环境越来越好，我们当地的政策越来越好，一切都预示着迪庆将迎来一次腾飞。

虽然我无法敏锐地洞察到这一切，但却拥有这样的直觉，这直觉来自我工作经验的积累，来自我和国外游客的一次次交流，还来自我为别人代写的一封封信件。

我当然不想错过迪庆的这次腾飞，在波澜壮阔的时代大潮中充当一个旁观者，因此我努力争取到了进入迪庆民族干部学校学习深造的机会。

迪庆州为了加强对干部的培养，提升公务员的整体素质，各个单位可以推荐人选进入民族干部学校的脱产班学习。

我找到主任，毛遂自荐地说出了自己想要去民族干部学校进修的想法。

主任有些惊讶地看着我，然后很坦诚地对我说："扎巴，你的汉语还不够流利，所以无法获得推荐名额，但如果你自己考上了，就可以派你去干部学校学习。"

得到主任的鼓励支持后，我大受鼓舞，心里一再告诉自己一定要努力，一定要通过考试。

之后的三个月里我投入到紧张的学习中，硬啃各种教材，考入民族干部学校是我的目标，也是一次挑战。

幸运的是，我三个月的努力得到了回报，成功考入民族干部学校。拿到录取通知书的时候我非常高兴，虽然这只是一个小目标，但对我而言却是一次重大的胜利，极大地提升了我的自信心。只要我努力地去学习，就一定能够弥补文化知识方面的不足。

我进入民族干部学校之后被分配到中专八班,是两年的脱产班。开课以后我过得非常充实,和老师同学相处也非常融洽。学校经常会组织丰富多彩的活动,虽然我的汉语不够好,但其他语言却是我的强项,我的绘画也有一定的基础,又能歌善舞,所以只要是学校举办的文艺节目,我总能拿到第一名。

学校放假的时候,恰好有一对研究藏传佛教的瑞士夫妇来到迪庆,因为我懂藏语和英语,又有过在寺院修行的经历,所以成了他们的向导。

正是这次偶然的机会,让我和旅游业结下了不解之缘。

之后的两个月时间里,我陪着他们走遍了迪庆,还去了丽江、鹤庆、雅安和康定等地,这次出行让我学到了很多东西。

他们对我的陪同非常满意,离开的时候送给我一块瑞士的Swatch手表,手表正反面的表壳都是透明的,里面的零件都能看得见,回到学校后同学们都觉得非常时尚。那对夫妇还给了我一笔酬劳,我用这笔酬劳买了一辆非常高级的山地自行车,在城里也算数一数二的时尚车了。

来到迪庆旅游、考察的国外游客越来越多,他们也把一些很新奇的文化带了过来,一些国外的嬉皮士经常在古城里玩耍,感觉挺新奇的。我没事的时候经常会跟他们交流,既能锻炼我的英语口语,还能增长见识,通过他们我看到了外面更广阔的世界。有时候我也会邀请一些国外友人到家里做客,一起聊天交流,相处得非常愉快。

1995年,我从民族干部学校毕业后重新回到民宗委,又开始了日复一日的办公室生活,但总觉得少了点什么,也开始有了一些躁动。

　　我隐隐约约地感觉到迪庆旅游业即将兴起,也仿佛从中看到了某些机会。这种感觉朦朦胧胧地存在着,甚至不能称之为一种想法。那时的我也并没有想到要去创业,去做民宿,去保护民族传统文化,而仅仅是为了寻找某种可能性。

　　同时我也很难放下捧在手里多年的铁饭碗,再去投身到一项全新的事业中,这不但冒险,而且也是对家庭的不负责任。

　　但若因为犹豫不决而错过了机会,沦为一个旁观者,我又心有不甘,这种患得患失的心理始终困扰着我。

　　让我没想到的是,三个月后,我的机会来了。

　　迪庆州颁布了新政策,允许国家公务员办理停薪留职,"下海"去开创别的事业,我赶上了改革开放以来的第三波"下海潮"。

建塘宾馆

我记得刚回国时流传着一句顺口溜："一国营二集体，不三不四干个体。"现在的顺口溜则是"十亿人民九亿商，还有一亿要开张。"

得知新政策颁布后，我很激动，既是因为政策的贴心，也是因为我生逢其时，更是因为我的步伐再次和政策合拍合节。

这种感觉至今想来都很奇妙，国内的大环境、国家的政策都成了我前进的助力，我甚至有种顺水行舟的感觉。

我没有和家人商量，直接找到了单位主任，说出了自己想要下海的想法。主任很惊讶，一番劝说无果后便为我办理了停薪留职手续。

在这一年里，我的第一个孩子出生了，这仿佛也在预示着我将拥有一个全新的开始。我暗下决心，为了家庭，为了刚出生的孩子，我应该抓住眼下的机遇，努力作出一番成绩来。

离开了原来的单位后，我的好朋友、建塘宾馆老板格桑扎西的弟弟益西邀请我到建塘宾馆工作。建塘宾馆是一家中美合资、当时迪庆州最高档的宾馆，每年要接待很多外宾，在这里我的语言优势和本地人的优势正好可以发挥出来。

就是从这里开始，我迈出了15年导游生涯的第一步，父亲在我儿时的心底种下的茶马古道情结、尼仓情结，终于吐出了第一片新叶。

我的导游工作与马帮中的"拉朵"相似，每天都要干一些累活，很辛苦，薪水也不高。经常要为客人服务一整天，休息的时间很少，还要经常去外面踩点、考察路线，时常会遇上一些意外情况。

记得有一次我们去哈巴雪山踩点，司机开着一辆破旧的丰田车，路是铺着泥灰的土路，车子时不时地抛锚，司机只得一次次地修，直到最后车子彻底坏掉。

扎巴格丹当导游时的照片

眼看着天就黑了，我们没办法只得在路边露营。到了夜里我们一个个冻得直打哆嗦，只好去地里捡了些玉米秆儿点燃以烤火取暖。

第二天早上，我们四五个人醒来后当看到对方的脸时忍不住哈哈大笑。因为烤了一夜的火，大家的脸都被熏得乌黑，只有眼圈周围是白的，看上去很像国宝大熊猫。

徒步旅行野外做饭

当然导游工作也不全是苦活累活，有时候把到昆明的客人送到后，他们会给我们一些小费，所以每次从昆明回来的时候，我都会给家里添置一件新家电。

如果没有一种热情、一

徒步旅行中过木桥

徒步旅行

种热爱,很少有人会去长时间地从事导游工作,我就属于热爱导游的那一类人,也非常看好迪庆的旅游业。

宾馆也格外重视旅游产业,工作几个月后,我获得前往尼泊尔学习的机会,接受为期两个月的户外探险导游培训。

就是在这两个月里,我对导游这个职业有了系统的了解,也有了更深刻的认识。

一个优秀的导游不仅要有好的体力,还必须具备野外生存和急救能力,必须熟悉当地的风俗习惯、历史典故,将自身看作传播文化的使者,让游客真正感受到当地的独特文化。注意工作中的细节,做好事前准备和后勤保障工作也非常重要。

培训结束回来以后,我非但不觉得自己懂得了很多,反而觉得各方面都缺少点什么。于是我在工作中不断充实自己,完善自

徒步旅行

己,一步步向着一个好导游的方向努力。

在忙碌的工作中,我的预感也一步步成为现实。

1996年,寻找香格里拉的考察活动在云南正式启动。

1997年,云南省政府在迪庆州的中甸县正式向外发布:传说中的香格里拉,《消失的地平线》中描述的香格里拉,就在我们迪庆。

香格里拉,就是我的家乡建塘。

我,扎巴格丹,是建塘的儿子,是香格里拉的儿子。

9　朝圣之路

1997年，我悄悄地走进你，
让这永恒的时间和我们共度……

在振奋人心的歌声中，我们迎来了1997，这一年建塘宾馆也迎来了一位非常有能力的国际旅游组织者，英国籍的尼泊尔人乌达拉女士，她多才多艺，写书、写剧本都很擅长，拍摄的尼泊尔纪录片也非常出色，在国际上拿过很多奖项。

这一次她加入建塘宾馆，主要负责的就是国际旅游这一块，来到香格里拉后她就喜欢上了这里，经常和我们一起出去考察户外徒步路线。印象最深的一次是去考察梅里雪山外转的路线，这对我们所有人来说都是一次考验。

乌达拉女士（中）和建塘宾馆管理人员

梅里雪山坐落在迪庆藏族自治州北部的德钦县和西藏芒康县境内，主峰卡瓦格博是藏传佛教的八大神山之首，关于她的传说实在是太多了。

转山是藏民族由来已久的传统，围绕神山走一圈便是祈福，也象征着圆满。梅里雪山的转山传统，至今已经有700多年的历史。路线全程200多公里，横跨滇藏两地，路程多为海拔3000米以上的崎岖山路，其中有很多路段和茶马古道的滇藏线相重合。

对我来说，能够重走父辈当年走过的古道当然很有意义，事实也证明，这次转山之旅对我的触动非常大。

我们一行人刚刚抵达德钦县城，就被朋友邀请去一家KTV唱歌，大家都玩得很开心，不曾想却发生了意外。唱歌中途我出去上厕所，正碰上一群喝醉了的酒鬼闹事，大概他们看我不是当

梅里雪山

地人，就开始叫骂起来，并且冲上来对我动了手。

真是祸从天降，一场架打下来，我的头上挨了一酒瓶子，鼻梁被玻璃碴子划了一道口子，破了相。当晚我就去医院做了缝合，简单包扎了一下，并没有声张这件事。

和我们同行的有一位美国学者，他曾经考察过澜沧江，出版过一本书《澜沧江的故事》，当时我是他的向导，因为德钦的行程结束后他就要返回北京，我不想给他留下不好的印象，所以只告诉他是我自己不小心摔伤的。

那时我头疼欲裂，鼻子也疼，眼冒金星，只想在床上好好地躺两天。但我们的行程都已经订好了，我不能让大家都等我一个人。所以我们收拾好行装后，就沿着澜沧江前行，在查里通"取到"开启山门的钥匙，祈福之后便踏上了转山之路。

现在想来那个时候我真是太勇敢了，如果是现在，大概我第一时间就会去住院。当然这并不是说我现在变得娇贵了，而是因为当时转山的路非常难走，而且伴随着各种突发的危险，一旦我病倒了，就会成为所有人的拖累和负担。

我们那时候的条件很艰苦，根本没有后来的那些专业装备：冲锋衣、登山靴、登山杖、手套、头套、冰爪、护膝、护腕、护目镜等。但和那些转山朝圣的藏族信徒比起来，我们的条件还算好的，至少我们还有骡子帮着驮运行李，他们却没有任何交通工具。

沿途我们遇到很多藏族信徒，他们手里只拿着一根竹竿，背上背着一卷铺盖，食物只有一竹筒玉米糌粑，饿了就吃一口糌粑、喝一口水，然后继续上路。

也有一些藏族人很有古代大侠的风范，腰间别着一把藏刀，身上挂着弦子和弓，大步流星地向前走，累了的时候就坐下来，取下弦子拉曲子，唱起豪迈而又苍凉的民歌。

有一次我们休息的时候，旁边坐着一家朝圣者，他们脚下放着一个篮子，里面不时传来类似鸡叫的声音。我很诧异，转山朝圣怎么会带着鸡呢？

后来篮子里的声音越来越大，我才弄明白，原来篮子里装的不是鸡，而是一个婴儿。我不知道带着这么小的婴儿转山是好还是不好，便把一些吃的分给了他们。

继续前行，海拔越来越高，坡度的落差也越来越大。经过前人无数次的摸索总结乃至付出生命的代价，才在转山的路线上确定了一个个相对安全、可以宿营的营地。

梅里雪山深处有很多野兽出没，我们必须加快速度，在天黑前赶到可以宿营的坝子，这样就能避免夜里野兽的袭击，而且也不会耽误第二天的行程。

就在我们加速赶路的时候，乌达拉女士有些跟不上了。大家担心在后面的行程里乌达拉可能还是会跟不上，拖慢了行程。因为根据当地人的经验判断，在未来几天内很可能会有一场暴风雪降临。如果我们不能及时从转山的垭口走出去，那就意味着我们都将被大雪封在山里，什么也做不了。

我当然也了解这些情况，就如实地对乌达拉女士说了，并帮着大家及时进行沟通，消除彼此之间的分歧和矛盾。

乌达拉对我的做法很赞赏，她感激地对我说："扎巴，你会成为一个很好的领导者。"

因为我们走得慢，每天晚上都会遇到从后面追上来的转山者，大家就点起篝火，围坐在一起烤火。

晃动的火光里，很多人开始手捻佛珠念诵《度母经》，这让我感到很尴尬也很内疚，我当过僧人，念经却跟不上他们，想要跟着念的时候却又忘了经文。《度母经》其实我很早就会了，但因太久不念已经生疏，实在是不应该。

转经路上看到乱丢的垃圾，我就会捡起来塞进包里，到了晚上烧掉或埋掉。作为一个导游，必须要有环保意识。

有一次我在山坡下看到一眼泉水，当喝完水正要离开的时候发现泉水旁有一张纸，我以为是垃圾就随手捡起来打算塞进包里，然而一打开却发现是手抄的《度母经》。

难道是菩萨实在看不下去我荒废了修行，特意在点拨我吗？

晚上我拿出那张纸来，开始念经，念的声音很大，很忘我，

扎巴格丹与梅里雪山转经的信徒

也愈发地流畅起来。菩萨都把"经书"送到我的眼前了。我怎么能不好好念经，好好领悟呢？

后来我做梦的时候经常会梦到绿度母，也因此养成了习惯，一个人观想菩萨的时候，就会念诵度母的咒语。那张抄写了《度母经》的纸至今都保留在我家的经堂里，它在时刻提醒我，忘记了佛经算不上大罪过，毕竟我现在已经不是僧人了，但倘若丢了慈悲之心，丢了利益大众的发心，那才是真正的大罪过。

就这样我们继续缓慢地前行，因为路上耽搁了太长的时间，等我们赶到拉多村的时候，索拉垭口已经大雪纷飞了。

索拉垭口是我们转山路线上的最后一个垭口，翻过垭口就是从西藏进入云南德钦的地界。索拉垭口海拔4800多米，垭口的形状就像是一把刀刃，再加上冰雪连天，翻越的难度可想而知。

然而要是不走的话，我们至少要等一个星期，也许一个星期后也走不了，所以权衡了一下利弊，我们还是上路了。

我们一行在风雪中艰难地行进，艰难地登上索拉垭口，就像是站在一把白色的刀刃上，每个人都在风雪中瑟瑟发抖。

茫茫白雪覆盖了山体，看不见人也看不见路，无奈之下，我们只好把骡子身上背的东西卸下来，捆绑结实以后，顺着山坡推滚下去，然后再小心翼翼地牵着骡子，沿着陡峭的冰雪坡，慢慢地挪下来。

风雪越来越大，我鼻子上的伤口也开始隐隐作痛。以前我还不相信人的脚趾头会被冻掉，可是那天我的脚趾头真的冻得失去了知觉。现在鼻子有了痛觉，那就说明鼻子还好好的，没有被冻掉。

终于从垭口上下来了，我们一个个筋疲力尽，但也不敢休息，得抓紧时间把骡子聚拢过来，重新把帐篷被褥之类的行李捆绑在它们身上。

下山后通往牧场的路上，我们遇到一位孤独的转山者，他倚靠在一块石头上，一只手背着，另一只手拿着根棍子，脸上结满了冰霜，已经停止了呼吸。我猜测他肯定是喝了酒，睡着以后被冻死了。

为了避免吓到乌达拉，我绕过尸体，又专门开辟出一条路线来。抵达牧场的时候，我们看到几个僧人和村民匆忙前往，大概是去处理尸体了，在这里，因意外而丧生的人的尸体一般都要先交由僧人处理。

我们从梅里水村出来后，便宣告这次转山的结束。这次转山之旅带给我太多的震撼,我为朝圣者们的虔诚而感动,卡瓦格博在我的心目中变得神圣无比。

我见证了父亲所说的恐怖垭口、大流沙、雪崩,还有山村里的尼仓。我沿着父辈的足迹走过了茶马古道。

我见到了那些虔诚的朝圣者,大山里淳朴的村民;我遇到了新生的婴儿,意外而亡的转山者;我经历了不小的"磨难",还"取"到了《度母经》。

我们这次的探查线路总体上是成功的,但也存在许多不足之处。既然我们团队已经确定了目标,我自己选择了导游行业,那就要直面这些问题,勇敢地去解决问题。你不勇敢,没人替你坚强。

此后几年里,我带着游客先后十几次踏上梅里转山之路,每次都有不同的感受,都有新的收获,雪山之神见证了我的成长。

有一次我带着游客前往雨崩村,甚至还遇上了一场"神迹"。

雨崩村位于梅里雪山东麓,只有一条小路与外界相通,经常会有藏族信徒沿着小路前往雨崩,朝圣冰湖和神瀑。这条路线后来被称为"内转",和梅里雪山的外转路线相对应。

我带的这批客人来自美国,一个个长得人高马大,穿着土黄色的大衣,围着鲜艳的围巾,语气中带有一种中产阶级的优越感。

在路上我就给他们讲雨崩和神山的各种传说故事,讲卡瓦格博是何等的壮观,缅茨姆是何等的迷人,日照金山是何等的震撼。他们每个人心里都充满了期待,恨不得立刻抵达雨崩,印证我向他们描述的神瀑和雪山。

没想到老天却跟我开了个玩笑,当我们走进梅里雪山之后,

梅里雪山转经路上遇见的朝圣人

天气忽然变得糟糕起来,雾气弥漫,根本看不到雪山。老外们以为我是在吹牛,他们上当受骗了。

更倒霉的是,我们第二天赶去看神瀑的时候,竟然神瀑也看不见了,这下老外们就更加不高兴了,决定明天就离开雨崩。

我那时既郁闷又尴尬,只能从别的地方着手,希望能安抚一下客人们不满的情绪。这批客人属于高端团队,他们住的是专用帐篷,此外还有其他配套的帐篷,诸如厨房、餐厅、浴室和卫生间。我们尽量在服务上做到最好,把一切都安排得妥妥当当。

我们只顾着忙他们的事情了,自己住的餐厅帐篷却没有扎好。到了晚上,劳累了一天的我们刚刚睡下,山里就刮起了大风,把我们住的帐篷给整个掀掉了。

屋漏偏逢连夜雨，紧接着一场大雨从天而降，我和工作人员在大雨中狼狈地追着帐篷四处乱跑，好不容易才把帐篷抬回来，重新安营扎寨。

一番折腾下来，我睡意全无。索性盘腿坐在帐篷里，一边念诵莲花生大师的经文，一边观想莲花生大师，在藏族史诗《格萨尔王传》中记载过，卡瓦格博是莲花生大师藏经的地方。我祈祷着明天能够出现奇迹，雨过天晴后，我的客人们可以看到巍峨的雪山。

我们一大早起来烧好洗脸的热水、煮好早茶后，便喊客人们起来。等他们开始洗脸，我们已经准备好早餐；等他们开始收拾行李，我们已经把帐篷都收拾好。总之我们的动作都是要快客人一步到两步，把一切都安排妥当。

就在我们有条不紊地收拾好一切，准备离开的时候，天色忽然晴朗起来，笼罩雪山的云雾被一丝一缕地拨去，神秘的面纱被揭开，缅茨姆峰露出了真容。

梅里十三峰，缅茨姆是女神峰，端庄、优雅中透着温柔，她无声地伫立在我的面前，占尽了我的目光。

"莲花生大师显灵了，雪山之神显灵了！"我兴奋得大叫一声。赶紧把客人们都喊了出来。

老外们在来的路上被我"忽悠"过，所以很不情愿地走了过来，然而当他们看到巍峨的缅茨姆峰时，立刻震惊了，连连发出夸张的惊叹声，他们如愿以偿，终于看到了一路上念念不忘的雪山。

我又把我昨晚念诵经文祈祷的事说给他们听，再度引起他们的惊叹和好奇，所有人都仰望着缅茨姆峰，心驰神往，四周弥漫着神秘而又神圣的氛围。

我当然不是向他们宣扬迷信，为巧合的事情蒙上一层神秘的色彩，只是为他们的旅途增添几分悠长的余味。而从那一天开始，我从未间断过诵读那一晚祈祷的经文。

这一次"神迹"的展现，彻底扭转了客人们对我的印象，事实证明我没有吹牛也没忽悠他们。每个人都觉得不虚此行，无疑是对我们团队最大的认可。

那时候我开始觉得，我距离一个好导游不远了。

从1987年我回国到1997年，已经过去了整整10年，那一年我27岁。

回国10年后的一天，我和爱人小陈踏上了前往印度的探亲之路。

10 我的父亲母亲

1987年我和父亲回国之后,印度的姐姐也结了婚,先后有了四个小孩,她和丈夫做小生意,经常跑东跑西,母亲帮他们照顾孩子。

对于未能将母亲和姐姐从印度接回香格里拉,我一直都耿耿于怀。然而不管是当时的政策还是我个人的条件都不允许我这么做,母亲和姐姐也拥有她们自己的生活,那些年我们只能通过电话和信件交流。

10年过去了,我开始有了一点积蓄,又有了妻子和孩子,是时候去探望母亲了。

父亲那时候已经八十高龄,身体大不如前,经不起路途上的折腾。所以在我原本的计划里,一起去印度的是三个人,我和爱人小陈，还有我们的孩子。

然而就在我们为1岁大的儿子刚刚办理好护照时，他却因为一场意外而夭折了。我和爱人出发时，还是带上了孩子的护照。

比起10年前，当时的交通便利了很多，旅程也没有我来的时候那么艰辛。但我们还是要辗转多处才能抵达印度。我们先是到了成都，再从成都到拉萨、樟木，再到尼泊尔。

尼泊尔和印度两国的边境管理很松，边境附近的两国人民可以随便来回走动。只要给巡防边境的军警塞点钱，我们就可以从尼泊尔进入印度境内，但为了省钱没有贿赂他们，结果他们就一直找我们的麻烦，检查证件，翻我们的箱子，很多东西都被他们拿走了。

进入印度境内后来到一座小县城，我们遇上了好人。

因为不熟悉到当地的公交车站牌害怕坐过站，我和爱人背着大包小包，傻傻地站在车站边上，看着红色巴士来来往往。在印度巴士分为两种，红色巴士是公交车（Public Bus），车票要比私人巴士便宜10倍，当然条件也很一般，每到一个小村庄都要停。

这时候一位大胡子的印度大叔走上来，热心主动地帮助我们，把我们送上公共巴士，还帮着把行李也拿了上去。

我很感激地想取出一支钢笔送给他，那个时候印度很喜欢我们国内制造的钢笔，只可惜我还没来得及打开箱子，巴士就开了，我们只好和大胡子大叔挥手告别。

就这样兜兜转转，坐火车，坐马车，也坐过三轮车，经过几天几夜，最后我们在距离姐姐居住的村子不远的地方下了车，经过打听找到了姐姐家。姐姐见到我们异常惊喜，激动地拥抱了我。

就这样，阔别10年后，我和母亲、姐姐再次团聚了。姐姐和妈妈一会拉着我的手，一会拉着我爱人的手，仿佛有说不完的话，虽然阔别10年，但我们的感情并未因此而变得淡薄。

她们的生活条件不是很好，但过得却很开心。我很想把母亲接回香格里拉，但是我们的生活其实也不好，还没有自己的房子，同时也要顾及爱人的感受。

然而让我没想到的是，善解人意的爱人早就把一切都看在眼里，私下里悄悄地跟我说："扎巴，要不我们把妈妈接回去吧？"

听到爱人的话，我的眼眶都红了，她刚刚才从丧子之痛中走出来，就这么为我着想，为母亲着想，我怎能不心生感动乃至感激呢？

随后我们为母亲办好了

扎巴格丹的母亲与两个姐姐及其家人

扎巴格丹的父亲、母亲、爱人、外甥、外甥媳妇和外孙

签证，带着母亲回到了香格里拉。

尘满面，鬓如霜，阔别10年后，父亲和母亲重逢的那一幕平静而又温馨，他们肩并肩走着，肩并肩坐着，带着几分欣喜几分感慨，轻声述说着往事。大概他们经历过太多的事情，早已洗尽铅华，复归平淡。

母亲待了一段时间就返回了印度，印度的姐姐那边还有太多事，也许是她不想加重我们的负担。临行前告诉她，等印度那边的事情处理好了，我会再把她接回来。

一转眼，时间到了1999年，临近世纪之交，我的生活发生了翻天覆地的变化。这一年，父亲去世了；我和爱人即将迎来第二个孩子；我退出公务员的行列，开始了奥地利的留学生涯。

自从下海的政策实施以后，很多关键部门的公务员开始出现大量的流失，因此政府又出台了新的政策，下海的公务员要么回到原单位，要么就买断工龄，单位发给一次性补偿金。

彼时的我经过四年的学习和历练，已经成为一名优秀的导游，也更加喜欢在路上的感觉，所以我选择了买断工龄。

和上一次停薪留职不同，这一次我遭到家人的强烈反对，尤其是大姐。"扎巴，你疯了，竟然想扔掉手里的铁饭碗？"姐姐非常生气地说。"公务员多好啊，一辈子都不用担心，退休后还有退休金，你竟然想放弃一辈子的保障？"

我被姐姐骂得狗血喷头，却一言不发。父亲则沉默不语，大多时候他都不会干涉我的选择，而是让我自己深度思考自己的人生。

那时候不止是姐姐无法理解我，很多人都无法理解我的举动，他们都认为我放弃公务员是很不明智的选择。

但我热爱导游这个职业,热爱我的家乡,我对香格里拉的旅游业充满信心。我认为自己能做得很好,能走得更远。让我自由地飞翔吧!

我还想赚更多的钱买房子,再把母亲接回家里颐养天年。我不想留下"树欲静而风不止,子欲养而亲不待"的遗憾。

那时候我正在读美国石油大王约翰·洛克菲勒的自传。洛克菲勒出生在一个贫寒的家庭,16岁就开始工作,挑起了家庭的重担。他在书中说,他之所以努力赚钱,就是为了让亲人们过上安乐、有尊严的生活,就是为了让亲情变得更加浓厚,这句话对我的触动非常大。

洛克菲勒通过赚钱积蓄了力量,不但帮助了家人,而且还帮助了更多的人。他不断地通过做慈善回馈社会,我觉得这同样是一种圆满。洛克菲勒就是马帮中真正的"敬达",同样也是我的榜样和奋斗目标。

我最终选择了买断工龄,卸下公务员的担子之后就全身心地投入到工作中。希望在千禧年来临之前,给自己交出一份满意的答卷。

做公务员的那几年,我和妻子没有自己的房子,一直都住在城里的宿舍里。母亲当初来的时候也是看到这一点,她不愿意给我添麻烦,待了几个月就回了印度。

恰好在那个时候,我爱人的单位社保局空出了4个庭院,允许工作人员优先出资购买,这也算是一个难得的福利。我和爱人商量了一下,就从朋友那里借了一些钱,以将近10万元的价格买下了其中的一套。

房子位置很好，紧邻风景优美的龙潭公园，距离学校和医院都很近。我时常把大姐接过来住上一段时间，我在工作忙碌完以后也能有更多的时间陪陪她和父亲。

7月的一天，我和往常一样把大姐接到城里，然后就去了外地。当时我带着一个人数很多的旅行团，至少要外出一周的时间。

团队很顺利地完成任务，一周后我回到了香格里拉。我们的中巴车司机也因为这次愉快的合作而感到很开心，便邀请我去家里吃饭，他家里已经做好了木瓜炖鸡。但我想着这么长时间没有回家了，应该先陪父亲一起吃饭，就婉言谢绝了他。就在我骑着新买的太子摩托车打算回家的时候，我的BP机忽然响了起来。

是孤儿院的院长丹珍女士找我，她要和几位政府人士谈一些事情，想让我帮忙做一下翻译。那时候我的外语特长已经得到很多人的认可，他们接待外宾的时候，经常会找我做翻译，有时候一些国外的藏胞不会说当地的康巴语也会找我。如果是一些商务上的陪同可能我就会推辞掉，但丹珍女士的事情却不一样。

丹珍女士是瑞士籍藏胞，家乡就在我们香格里拉，她的丈夫也是香格里拉人，是茶马古道上的一位传奇人物。当初我在印度的寺院里摔断了胳膊，为我包扎伤口、扎上绷带的就是她。

丹珍女士是一个孤儿，所以她一直都想在有生之年能够帮助到更多的孤儿。她辞掉了瑞士医院护士的工作，退掉了保险，放弃瑞士的优越生活回到了国内，香格里拉的孤儿院是继拉萨之后她建立的第二家孤儿院。

她是一个社会责任感很强的人，也是一个充满慈悲的乐善好

扎巴格丹父子与迪庆孤儿院建设时的丹珍女士（左三）及家人

施的人，她为孤儿们的付出和努力，还有热情无私的帮助，都让我非常感动，我非常敬重她。所以在很长的一段时间里，我都会利用业余时间，去孤儿院给孩子们教授藏文，同时帮丹珍女士整理一些孤儿院的财务数据报表。

孤儿院的主要经济来源就是国外友人的捐赠，每一份捐赠都很重要，每一份支持都很重要，这意味着孩子们可以得到更多人的关注和照顾。所以我没有犹豫，当即答应了下来，骑着摩托车赶到州招待所，一边吃饭一边给他们当翻译。

吃饭的时候我的 BP 机响了好几次，一开始是陌生电话，最后是家里的电话。我到招待所外的电话亭回了电话，我的邻居告诉我，父亲突发脑出血，快不行了。

我惊慌失措，骑着摩托车拼命往家赶，路过一个大水坑的时

扎巴格丹夫妇与父亲

候险些摔倒在里面,但我已经顾不得那么多了。

等我一口气赶到家的时候,父亲已经不行了。那一刻我又难过又自责,如果我回来后直接回到家里,就能陪着父亲走完这人生的最后一段旅程,哪怕我先回到家里看看再出去也好。

有着太多的巧合,姐姐原本也在我家里,可在两天前她刚回去;我的爱人平时不怎么出差,可就在几天前单位派她出差去了外地;我姐姐的孙子格桑培初在红卫小学上学,平时都会准时回来,可那天他被老师关在教室一直晚自习上完才回来。

当时陪在我父亲身边的,只有我爱人的弟弟。父亲去世前没有任何异常,他照例去井里打了水,把家里的水缸都装满,然后自己做了面片,吃到一半的时候忽然就失去了知觉,倒在了地上。

父亲　　　1997年扎巴格丹与父亲一起

也许他不想打扰任何人，也不想被任何人打扰，所以选择我们都不在身边的那个傍晚，一个人静静地离开了。

1999年7月15日，父亲因病去世，享年82岁。

按照当地的传统，我们把父亲的遗体运回老家，请来活佛和喇嘛念经超度三天，在村子旁的河中举行了水葬。

生命起始于自然，最后回归于自然，父亲顺流而下，只是开始了新的轮回。

父亲为我积累了这一世的福报，他把毕生的精神财富都给了我，我的人生因此被点亮。

我热爱着父亲热爱的这片故土，我守护着父亲守护的优良传统，我追寻着父亲追寻的没有遗憾的人生。

我走过父亲走过的茶马古道，我体会过父辈的艰辛，我看过父亲描述的风景，我亲身感受过它们的壮美。

我铭记着父亲的教诲，与人为善，乐于分享，抱着一颗感恩之心，力所能及地回馈社会。

父亲在我心里播下的种子，早已生根发芽，吐出了新叶。父亲的梦想也早已成为我的梦想，我认真且努力地活着，只为了实现我们共同的梦想。

父亲，您的在天之灵一定会为您的儿子感到骄傲。

11 远赴欧洲

父亲安静地走了，我更加努力地投入到工作中，我所取得每一次进步，每一个成就，都是对父亲最好的纪念。

机会也总是垂青于那些努力奋斗的人。1999年9月的一天，我带着一个旅行团来到松赞林寺，正在给游客们介绍壁画上的轮回图，突然接到了凯瑟琳（Katherine）博士打来的电话。

出于工作需要，我咬牙买了一部手机，也就是我们常说的"大哥大"，当我接通电话，听到电话那头的声音时，简直不敢相信自己的耳朵：

"扎巴，你想不想去欧洲留学？"

太意外了，我竟一时不知所措，不知道该怎么回答她。

能去欧洲留学当然是好事，是我想都不敢想的好事。记得我

扎巴格丹与凯瑟琳

扎巴格丹 2000 年所获奥地利克莱施德旅游与酒店学院毕业证书

在印度时,帮着贵人们把手工艺品搬运到别墅,那时的我压根不敢想,有一天能坐上贵人才有资格坐的沙发,贵人的沙发与我而言就是"可望而不可即"的代名词。

挂掉电话后,我既激动又兴奋,向着菩萨一拜再拜。是寺院的菩萨给我带来了好运,可我毕竟还带着团,不能就这么甩手走了,这也让我有点小小的苦恼。

中午的时候我把游客送到建塘宾馆后就立刻去孤儿院见凯瑟琳女士。

凯瑟琳女士来自奥地利,曾经是女子跳远的奥运会冠军,退役后继续深造获得了体育学博士学位,同时也是一位热心的慈善家。有一次她和同伴从丽江转道香格里拉,我专程把他们接过来,为他们安排行程,并担任他们的翻译和向导,凯瑟琳女士对我的安排很

扎巴格丹与凯瑟琳夫妇

满意。她也是香格里拉孤儿院的捐助人之一。

凯瑟琳女士告诉我，在奥地利的萨尔茨堡有一家很有名的国际旅游和酒店管理学校，她可以推荐我去那里留学。

这真是一个千载难逢的机会。一个人想要不断取得进步，就要不断地进行学习，提升自己的眼界和格局，紧跟时代的发展。能够去经济发达的欧洲国家学习他们的先进知识和理念，对我个人发展的重要性毋庸置疑。

凯瑟琳女士向我推荐的这所学校，名为克莱施德旅游与酒店管理学院（ITH），创建于1965年，先后为来自150多个国家和地区的学生提供了正规专业的教育，在国际上享有很高的声誉。而学院所在的萨尔茨堡是奥地利的第四大城市，不但有阿尔卑斯山这样丰富的自然景观，同时也拥有很深厚的文化底蕴，这里是音乐神童莫扎特的故乡，因此也被称为"莫扎特之城"。

我激动之余也非常担心，这么好的学校，留学的费用想必也非常高，我能负担得起吗？我没有什么文凭，能进得去吗？

凯瑟琳女士打消了我的疑虑，奥地利教育系统部门为了鼓励世界范围内的学生前来留学，每年都会提供一些奖学金名额，她会想办法为我申请到奖学金。

凯瑟琳女士告诉我，她之所以愿意推荐我，是因为看到了我身上的某些特质。

"扎巴，虽然你没有学历和文凭，也没有经过系统的学习，但是你平时的努力我们都看在眼里，你帮助他人时发自内心的热情，还有你为孤儿院的孩子们上课时的细心和耐心，以及你在导游和其他工作中的真诚态度，这些都是我们非常赞赏的。"凯瑟琳女士说道。"比起你的学历和文凭，后者才是我们最看重的，也是学校最为看重的地方。"

一个月后，孤儿院的院长丹珍女士给我带来了好消息，我的奖学金申请通过了，而且是全额奖学金。忐忑不安了一个月的我，终于放下了心中的大石头，我把手头的工作和家里的事情都安顿好了，满怀期待地前往北京的奥地利驻华大使馆办理出国签证。

然而意想不到的是，我的签证申请被拒绝了。就在我一筹莫展的时候，凯瑟琳女士的母亲正好在香格里拉旅游，和她同行的一位长辈得知情况后，当即给奥地利驻华大使馆打了电话，言辞激烈地质问使馆人员为什么拒签了我的申请。

这个电话起到了作用，奥地利驻华大使馆的工作人员经过一番核实，最终通过了我的申请。

有惊无险，如愿以偿，我登上飞往欧洲的国际航班，开始了为期一年半的留学生涯。

在萨尔茨堡的机场，学院安排了接机人员，同时凯瑟琳女士也到机场接我，还给我献上了一条哈达，这让我感到万分惊喜。抵达学院以后，当大家看到我身上穿着传统的藏族服饰，既好奇又吃惊。大概他们由此认定我来自贫穷落后的国家，所以为我提供了和非洲学生一样的待遇，报销机票，减免学院食宿的开销，还特意为我提供每月200美金的生活补助。

这样就大大减轻了我的负担，我还有什么理由不好好学习呢？我踌躇满志，已经准备好要大干一场了，正如奥地利的国歌里唱到的那样：阔步向前，自由无碍，勇敢地跨进新时代，愉快地劳动，相信未来。

安顿下来后，趁着还没有开始上课，我迫不及待地四处逛逛，感受这座古老城市的气息。

萨尔茨堡作为阿尔卑斯山的门户，是一座风景优美的山城，秀丽的自然风光随处可见，还有带着厚重历史底蕴的巴洛克式建筑，这些都让我大开眼界，虽然只是随便逛逛，却深刻感受到了这座城市的魅力所在。

更让人感叹的是萨尔茨堡当地的旅游业，不但在欧洲享有盛名，同样也是国际旅行者公认的胜地。萨尔茨堡的旅游旺季是冬季，冬天的时候会开展丰富而多样的旅游活动，白天在雪地里玩，晚上还有音乐会等，各种人文与自然结合的旅游节目让人应接不暇，感觉非常好。

职业使然，我总是忍不住把萨尔茨堡和我的家乡作一番对比。

奥地利民宿徒步节

我的家乡香格里拉同样风光秀丽,同样有着深厚的历史文化底蕴,有着独一无二的民族建筑,然而旅游业却才刚刚起步。我相信随着更多的旅游资源被开发出来,再加上与之匹配的软硬件设施,迪庆也会成为和萨尔茨堡一样的国际知名旅游胜地。

学院的课程开始后,我就投入到紧张的学习中。我的专业是旅游饭店管理,除了专业课之外,还涉及很多关于互联网的知识。就是在那个时候,我知道了雅虎,知道了比尔·盖茨,学会了上网和收发电子邮件。在我们今天看来很寻常的技能,对那时候的我而言却是完全陌生的。接触到互联网,无异于为我打开了一扇通往全新世界的大门。

我的英语没有经过系统学习,基础并不扎实,所以为了跟上

扎巴格丹与同学的开心时刻

课程的进度，我不得不拿出比别人更多的时间来学习。我的同学中有很多都是大学生，或者是前来培训的专业人才，我不努力怎么能行呢？

其实英语基础不好的不止我一个，或者说我们的英语口语里都带着浓重的本地口音，以至于彼此间很难交流。

我有几个同学来自巴基斯坦和印度，当他们说英语的时候，来自国内的同学就会一脸茫然地对我说："扎巴，能不能帮我翻译一下。"而同样，当中国留学生说英语的时候，印度同学同样一脸茫然地对我说："扎巴，他在说什么？"我最开心的是，不管我的同学来自哪一个国家，我都可以和他们愉快地交流。

我的同学大都来自亚非拉国家，和我一样条件都不太好，大家都很节俭。到了周末虽然我们都很想出去玩，但根本无法承担高昂的消费。于是我们就从超市买回来一些吃的东西，举行简单的聚会，顺便改善一下伙食。

有时候我也会坐上火车去凯瑟琳女士的家里，好好地大吃一顿。他们一家住在奥地利的第二大城市格拉茨，距离萨尔茨堡很近。他们夫妇俩对我很友好，每次去他们家，住到他们山上夏日度假的房子，总会受到热情的招待。

不久后，丹珍女士定居在瑞士的儿子、我的朋友松赞，得知我在萨尔茨堡以后，专程从瑞士开车来看望我，同时还带来很多二手衣服和一部摩托罗拉 StarTAC 手机。对此我非常惊喜，一再表示感谢。

在欧洲的很多国家，购买二手服装并不是什么不体面的事，

国际学生一起做饭

既能节约生活成本，还不会造成资源浪费，很符合欧洲人一贯的环保理念。二手服装也会经过一些处理，不用担心疾病传染之类的问题。

独乐乐不如众乐乐。这么多衣服我一个人也穿不完，索性把同学们都叫来，让大家随意挑选自己喜欢的。大家当然都很高兴，尤其是来自埃塞俄比亚和乌干达的两位同学，因为购买衣服对他们来说是一笔极大的开销。同学们都很羡慕我到处都有雪中送炭的朋友。

过了一段时间，更开心的事情降临了，我的女儿出生了。

自从儿子1岁那年因为车祸去世后，我爱人几年都没有怀上孩子，女儿的出生对我们意义非凡。

爱人小陈在怀孕期间一直由大姐在照顾，当大姐在电话里告诉我母女平安的时候，我欣喜若狂，心里连呼菩萨保佑。为了庆祝女儿的出生，我特意破费请舍友和同学们大吃大喝了一顿，好好热闹了一番。直到现在我留学时的同学都记得那一天庆祝会的"盛况"，后来他们每次和我聊天，都会主动提到我的女儿，而且都记得她的年龄。

我为女儿起名次拉姆，在藏语里是"长寿仙女"的意思，她是菩萨送给我和爱人的最好恩赐。

远隔千山万水，我无法见到初生的女儿，也无法回到爱人身边照顾她，唯有把更多的精力放在学业上，才不负这短暂的离别。

12 阿尔卑斯的雪

圣诞节是难得的假期,同学们组织起来去意大利或者法国旅行,而我选择了去瑞士专程拜访丹珍女士和她的家人。

我特别喜欢松赞送的摩托罗拉 StarTAC,一部很有个性的手机。不过它的缺点就是容易坏,电话卡取或插入时一不小心就会损坏,而且要去摩托罗拉专卖店维修,每次修理的费用高达100—200美金。

从奥地利的萨尔茨堡去瑞士的苏黎世,坐火车非常方便,而且也很近,四五个小时就到了。有一次我在火车上认识了一位土耳其的女孩,我忽然想起一件有趣的事情。在家乡做导游时我曾经接待过几位土耳其游客,当我把他们带到香格里拉的白水台时,他们大声惊呼,这不是我们国家的棉花堡吗,怎么被你们搬到这

在奥地利打工时的扎巴格丹

里来了？

后来我才知道，土耳其著名的景点棉花堡和我们香格里拉的白水台，两者的相似度至少有80%。

借着这一话题我和土耳其女孩交谈起来，她下车时我们交换了明信片和联系方式。后来她一直约我到她居住的小镇游玩，但我当时的学习很紧张，学院对每个学生的成绩考核也很严格，所以无法抽出时间来放松旅行。

每次前往丹珍女士的家里，我经常会见到很多藏族同胞，大家用藏语交流，让我感到十分亲切。

有一次在丹珍女士家，我坐在沙发上取出一本教材看，丹珍女士看到了便过来对我说："扎巴，不要把心思都放在书本上，要更多地感受书本以外的东西。你来奥地利求学的这段经历本身就很有意义，你应该放松下来，该休闲的时候就要开心地去玩。"

我知道她说的是对的，学院的很多老师也这么说过。来自亚洲的很多学生都非常重视课本知识的学习，而忽略了其他方面，虽然考试成绩不错，然而一到了动手和实践阶段，就不可避免地暴露出了劣势。

但我却不能放下书本，因为我把毕业证书看得很重。虽然学历并不能代表一切，学院的毕业证书兴许也不会得到国内的认可，这些道理我都明白，但是对我来说，拿到毕业证书就是对帮助过我的人的最好的回报，也是我对家人最好的回报。

况且我们也并非是死读书，学校组织的活动有时间我都积极参加，去不同的酒店观摩，去野生动物园参观，去阿尔卑斯山的滑雪场体验各种滑雪项目，其中我最喜欢的就是雪上摩托车，在雪中奔驰的感觉非常棒。当时我就想香格里拉有那么多的雪山，冬天也是大雪纷飞，如果能够修建一个滑雪场，把冬季旅游的资源开发出来，该有多好啊！只可惜这个设想到了今天也没能实现。

我们还会组织一些体育活动，我的一个马尔代夫同学是国家足球队的队员，足球踢得好不说，乒乓球也打得非常棒。一到周末他就会教我们踢足球、打乒乓球，或者教我们变魔术。其实我也会变魔术，水平和他差不多。

闲暇的时候我也经常去老师的家里做客，和他们交流不仅可以提高我的交际能力，而且也能拓展我的知识面。老师家的孩子们很喜欢看我变魔术，而我也能充分展示出我风趣幽默的一面。

时间就这么悄无声息地流逝着，转眼到了毕业考试的这一天。一年多的求学生涯，终将在这一天画上句号，我渴望圆满，因此而感到无比紧张。

毕业考试分为两个部分，笔试和口试，笔试我勉强应付下来。但是营销学的课程却没有通过。到了口试的时候，我更加紧张了，因为不凑巧的是，第一位提问者正是营销学老师。

这位老师的提问并非直截了当，而是带着那么一点点的刁钻，我当场就懵了，大脑一片空白，紧张得说不出话来。

好在一位经济学的老师很和善，他向我投以鼓励的微笑，然后告诉我，只要按照自己的方式来陈述就好。

我渐渐冷静了下来，大概也是过了紧张的极限后，整个人仿佛放开了，于是我按照自己的思维方式组织语言，一一回答了老师们的问题。

直到走出考场我一直在为自己的失常发挥懊恼不已。然而事已至此，只能默默祈祷自己能够过关。

魂不守舍的半个小时过去了，我们全体考生重新进入考场，忐忑不安地等待着考试成绩的公布。

我的马尔代夫同学被评为不及格，他平时不怎么喜欢读书，所以不及格在意料之中。

我的乌干达朋友也没有过关，他犯了和我一样的毛病，因为太紧张而发挥失常。

有人失落，有人欣喜，排在我前面的同学逐渐减少。

当叫到我的名字时，我全身紧绷，心怦怦直跳，紧张万分地站在那里，就像是一个等待宣判的犯罪嫌疑人。

"扎巴格丹……"宣读成绩的老师看了一眼手里的成绩单，抬头看向了我。

我不知道自己是怎么走出的考场，一个人坐在空荡荡的教室里怔怔发呆。吃饭的时候我也没有去，只是坐在那里默默地流泪，又痴痴地傻笑。

我哭了一个小时，也笑了一个小时。

是的，我毕业考试通过了，我成功拿到了毕业证书！

Country roads, take me home

To the place I belong

……

毕业典礼上，我和同学们高唱约翰丹佛的《乡村路带我回家》，为一年多的留学生涯画上一个圆满的句号。

毕业之后，我原本打算立刻回家，虽然有很多企业开始了招聘，不过大都是欧美国家的一些酒店和娱乐集团，比如迪士尼公司等，并不太符合我的要求。

凯瑟琳女士的朋友为我介绍了一份为期三个月的实习工作，负责管理森林牧场的小木屋，我欣然接受了。

奥地利的生态旅游业非常发达，尤其是萨尔茨堡，在阿尔卑斯山的山区中，每隔几个山头就坐落着一座小木屋，专门用来招待徒步旅行的游客。

我的工作就是定期打扫小木屋，补充房间里的日用品，同时负责清理山路上的碎石和积雪，月薪1000美金。这在当时是非常好的待遇了，因为好多学生毕业后连实习的工作都找不到，就算找到了报酬也很低。凯瑟琳女士之所以推荐我，也是因为她知道我已经决定回国，实习挣到的薪水可以帮助到我。

这份工作非常辛苦，需要不停地来回奔波，保证我所负责的小木屋随时都能入住客人，而客人离开以后我要在第一时间去打扫房间，补充各种生活用品，所以一天里基本没有空闲的时间。我的宿舍在山顶的木屋里，到了晚上就呼呼地刮起了大风，发出各种声响，我适应了好几天才能睡着。

老板和老板娘是工作狂，对下属也非常严格乃至苛刻，加班是常有的事。他们一旦忙起来就忘了吃饭，也根本不会想到我们这些员工要不要吃饭。

有一次我干了一天的活儿，实在太累了太饿了，两位老板也没有打算让我吃饭的意思，正好当时我负责炖了一锅肉丸子，肉丸很像是我们藏族的包子，我就迅速抓起两个藏进了裤兜里。我假意去松林上厕所，赶紧往外跑，裤兜里的肉丸就像两个小火球，烫得我龇牙咧嘴，连跑步的姿势都变得无比怪异。跑进松林后我

扎巴格丹在奥地利民宿打工照

赶紧拿出肉丸子,狼吞虎咽地吃了下去。至今想起这一幕来我都觉得好笑,感觉那时候的自己犹如旧社会地主家里的长工一般。

还有一次老板视察我的工作,当看到一个小木屋厕所的马桶有污渍的时候,非常严厉地批评了我,让我把负责区域内的厕所马桶全部重新清洗一遍,而且告诉我从明天起马桶上再不允许看到一点污渍。

那时候我以为是老板在刁难我,后来才了解到,西方很注重这方面的卫生。作为一名服务人员,工作一定要认真仔细,不能有半点马虎。

前来山区旅游度假的客人很多,形形色色的都有,有些人很友好,很有绅士风度,非但不会刁难我,还会给我一些小费;也

扎巴格丹与夫人陈文英　　　　　　扎巴格丹与女儿

有一些人的态度很恶劣,带着天生的优越感,摆出一副居高临下的姿态,专门挑我的毛病。

面对歧视,我既生气又无奈,只能在心里一再地告诉自己,绝对不能让人看不起,一定要做出成绩来。

三个月的实习期结束后,我没有再继续工作下去,也没有去找其他的工作,而是踏上了回国之路,我该回家看看了。三个月的工作,我从中学到了很多东西,也从苛刻的老板和老板娘身上看到了创业的艰辛,但我肯定不会做他们那样的老板。老板可以是工作狂,也可以对自己苛刻,但绝对不能歧视员工,不管员工来自哪个国家、哪个民族,或是怎样的家境,我们没有资格去歧视任何人。

后来我还把森林小木屋的这套运营模式搬到了香格里拉，虽然这个项目最后没有成功，却也积累了宝贵的经验。

2000年底我回到了香格里拉离别一年多的家中，整个人也都放松了下来。多亏姐姐和亲戚们的照顾，爱人和女儿次拉姆都很好。我打算休息一段时间，多陪陪她们。

此时香格里拉的旅游业已经兴旺起来，当地的民俗文化引起了不少人的注意。不久我认识了几个来自美国休斯敦的朋友，他们对藏族人盖房子很感兴趣，没事就跑到村子里去看。

我就经常带他们去村子里，哪家盖房子就去哪家，虽然大家都觉得挺奇怪但也没有在意。后来我才知道其中的一位朋友以前学过木工，所以对建筑相关的都很感兴趣。

当然他们最感兴趣的，其实是村民们盖房子时候的那种气氛，边忙活边打趣聊天，虽然工作很辛苦，但却从他们的身上感觉不到半点的辛苦。村民们这种乐观的精神让美国朋友很羡慕，也因此被吸引，我索性带着他们也参与其中，亲身体验一把。

粗活重活他们当然干不了，而且还会添乱，所以我让他们干一些打下手的工作，村民们纷纷跟我开玩笑："扎巴，你从哪里找来的外国小工，我们可付不起工钱。"

我哈哈大笑："不用给钱，一碗酥油茶和青稞面就能打发了。"

大家忙活完以后就坐在一起喝酥油茶，吃青稞面，不过为了照顾他们的口味，青稞面里还是放了一点红糖。我们一边吃一边打趣聊天，"美国小工"们和村民交流的时候我来当翻译。

学过木工的休斯敦朋友那段时间过得非常开心，我也很开心。这些年来我接待过不少国外的游客，有喜欢转山的，有喜欢露营大草原的，有喜欢藏族手工艺的，可喜欢盖房子的实在不多，大概就他一个。

  那时的我也未曾想到，就是这位爱好独特的休斯敦朋友，为我前往美利坚求学铺平了道路。

13　求学美利坚

我的一个好朋友经常在夜里失眠，他就去寺院里拜访一位有名望的高僧，希望能够找到治愈的办法。

朋友见到高僧以后，就跪下来虚心地请教说："大师，我是做旅游的，平时非常辛苦，压力也很大，吃也吃不好，睡也睡不好，还经常没有时间去照顾老婆和孩子，我的压力实在太大了，现在整夜整夜地失眠，我究竟该怎么办呢？"

高僧抬头看了一眼，用手指了一下我的朋友，然后把手放在心脏的位置。

我的朋友若有所思，忽然惊喜地说道："大师您这是在告诉我，能够帮助到我们的只有我们自己，只要遵从于自己内心真实的声音，就能获得解脱？"

高僧摇了摇头，无奈道："我是让你离我远一点，出家前我也是做旅游的，听到你说的这些话，心里实在堵得慌……"

虽然这只是一个笑话，不过也正好表达了我对旅游行业既爱又恨的矛盾心理。

从奥地利回国后，我有一段时间处于迷茫之中，似乎失去了方向。我很想创业，毕竟我做过很多年的导游，喜欢旅游这个行业，我又在奥地利学到了一些先进的理念，只要努力了就一定能打开局面。

但创业也意味着风险，意味着要投入一大笔的资金，我没有启动资金，也没有勇气背负起太过沉重的债务。

我也想过继续给别人打工，继续做导游，但是我已经不再满足于以往那种导游的工作模式，我希望自己的工作更有意义。我特别想做专业的徒步生态旅游，因为这块领域在香格里拉还是空白，但具体怎么开展却没有整理出一条清晰的思路。

有一天忽然想到我的那位休斯敦朋友，便给他发了一封电子邮件。那时他已经回到美国，我们一直保持着联系。

我跟他说过我在奥地利留学的经历，也很向往去美国留学。因为我心里总感觉欧洲虽然也很好，可美国似乎更能代表西方世界。我给他发邮件，就是咨询美国留学的事情。

既然我一时找不到突破口，但也不能虚度时光，能够走出去增长一些见识与学识，也是为以后的发展积蓄力量。

很快他给我回了信，他很高兴我作出的选择，也很愿意帮助我。不过他直言不讳地告诉我，我留学应该问题不大，但很难拿到大学的全额奖学金，他会尽力帮我争取到半额奖学金。

他向我推荐的大学，是美国的俄克拉荷马州大学，后来我才知道他的家族 Zaro Family 是这所大学的捐助者。最终他帮我争取到了半额奖学金，并和几位捐助者共同承担了我的学费。

对此我感激万分。就这样，距离我从欧洲回国没多久，2000年1月，我又踏上了美国留学之旅。

俄克拉荷马州大学，位于美国中南部的俄克拉荷马州，是一所有着上百年历史的综合性大学，无论在规模上还是在综合实力上，都是我在奥地利留学的那所学校所不能相比的。

不过俄克拉荷马州的风景一般，比不上香格里拉那么壮美，更称不上秀丽。当地很流行西部牛仔文化，因为这里以前是印第安人的聚居地，至今在保留区还居住着很多印第安人。

有时候我去酒吧玩，有的美国人会误以为我是印第安人，让我很尴尬。而印第安人在酒吧里碰到我，他们直接用印第安语和我打招呼，让我更尴尬。难道我就长得那么像印第安人吗？后来我跟他们解释说，我是来自喜马拉雅的藏族人。

大学校园的环境还可以，占地面积很大，除了一般大学常有的各种设施外，还有各种学习以及课外活动的场所，我们还可以根据自己的兴趣爱好加入一些社团，学校充满了活力。

我选择的是以小型企业管理为主的3—4门课程，共要学习8个月。我们的一些教学也是课题式的，在课程范畴内，先提出问题，然后自己再去查阅资料，分析问题，解决问题。

我们的课程安排得非常紧张，一个班里有上百名学生，上完一节课要匆忙去赶下一门课程，像赶集似的，我根本没有时间去和他们交流。

课程也很专业,往往需要我在课余查阅大量的资料,尤其是代表高新科技的互联网方面,不但需要新的理念,还要有一定的基础,对我而言是不小的挑战。

每天课程结束后我就泡在图书馆里,翻阅各种参考书,上网查资料,然后用图书馆提供的打印机,把需要的各种资料都打印出来,带回去慢慢整理。

这种开放式的教学方式是我之前没有遇到过的,难免有一些不适应,有一次考试的时候,我意外地得了零分,也是全班的唯一一个零分。

老师把我叫到办公室,不满地对我说:"扎巴,你是不是对我有意见?"

"没有啊老师,您讲得特别好,我很喜欢您的课。"

"那为什么这次考试你得了零分?"

我一脸委屈:"老师,我实在跟不上幻灯片的速度,题都没抄完,幻灯片就翻过去了。"

老师无语地看着我,停顿片刻才说道:"那是选择题考试,不需要你把题目都抄下来,只要把答案选项写下来就好了!"

我这才恍然大悟,我当初在寺庙里学习,在国内上学,都是先把考试题抄下来再一个个地填写答案,答案和试题都在一张纸上,根本没有用幻灯片考过试。

大概老师觉得我始终没有进入状态,所以给我布置了一个课题,让我从自身的感受出发,探讨一下来到美国后在文化方面受到的冲击。

其实我对这个课题并不陌生,我在奥地利留学的时候就对东

牛仔装扮的扎巴格丹

西方文化的差异有了切身的感受。

西方人尤其是美国人喜欢很直接表达自己的想法，远没有东方人那么含蓄，有时候难免让人有些难为情。

有一次，一位家在俄克拉荷马州的美国同学请我去他的家里喝茶，结果从下午一直到晚上9点，我们除了喝茶之外，只吃了一些茶点，饿得我两眼发黑。在他们眼里，邀请你来喝茶就是喝茶，如果换作在国内，肯定是要管饭的。

我那时候饭量很大，去美国同学和朋友家里做客基本上都会挨饿，就算吃饭也是分餐制，根本吃不饱。所以我更喜欢去中国同胞家里做客，不但能得到热情的招待，随时都有吃的，而且能吃饱。

当然这些都不是大问题，让我最难以接受的就是西方人流露出的那种歧视，从经济到文化，歧视无处不在。

大学里有很多社团和组织，经常举行一些活动，我当时对基督教产生了一些兴趣，所以抱着学习的态度，有时候也会参加基督徒组织的活动。他们同样对藏传佛教也充满兴趣，有时也会和我探讨宗教信仰问题。

但很多时候，他们会以一种居高临下的方式对我说教，这一点让我感到很不可思议。

"扎巴，你们的传统太落后了，西藏更是落后，你来到我们西方这么先进的地方，一定要珍惜这样的机会。"

"扎巴，你们的思想也太落后了，你们的社会永远进步不了，永远只会停留在原地，早就该被这个时代遗弃了。"

"扎巴，你们的宗教也很落后，我们很难理解，你们有时候为了一个宗教领袖的雕像或者朝拜一座雪山就会全身心地投入那么多，这一点很愚昧，没有思想。"

我很礼貌地说："那我问你们一个问题，你们的教堂里有耶稣和门徒的众多雕像，你们的国家还有自由女神雕像，你们的一些公园里有林肯的雕像，它们的存在又有什么意义呢？"

同学辩解道："是为了纪念，也是表达虔诚和感恩之心，这和你们的不一样。"

我反驳道："有什么不一样呢？难道我们就不是为了纪念，不是为了感恩？我们为宗喀巴大师塑像，为菩萨镀金身，也是带着虔诚和感恩之心，并且充满了敬意。你们通过教堂的雕像和上帝沟通，我们面对菩萨是在内心观想。二者有本质上的区别吗？"

朝拜雪山是因为我们对大自然有敬畏之心，不管是人还是神灵都喜欢干净的环境、干净的空气，难道你们愿意住在污浊不堪的环境里吗？雪山是没有一点污染的洁白纯净，如果我们不欣赏这么干净的环境，那我们欣赏什么呢！

藏族人把雪山当作神一般纯净和神圣，把雪山比作最干净的环境，感恩它永存纯洁，我们保护她，她也在保护我们。大自然仿佛是一位慈爱的母亲赋予了我们人类生存所必需的一切，给了我们所有幻想与智慧，每次见到雪山，你在欣赏的同时心中还会产生感恩和敬畏，这就是纯净的力量。

同学们听后哑口无言，不得不接受我的观点。有时候西方人就是这样，总是在强调自己各方面的优越感，却又总是忽略文化上的一些共性。

类似的辩论时常是发生在我和他们之间，我并不期待通过辩论就能说服他们，但我有权利捍卫自己的文化和信仰。我希望他们能够多了解不同的文化，也多去看看外面的世界，从而消除他们根深蒂固的歧视和偏见。

我始终觉得修行不一定必须在山洞或者寺庙里，在生活中随时随地都是修行，所以在我的私人空间里，我会点上一盏酥油灯。

同学们对此感到非常诧异，他们诧异的不是点灯本身，而是我把早餐吃的黄油都用光了。每次看到我点灯他们都会大惊小怪："我的天啊，扎巴，你把黄油都给烧了，那你早餐吃什么啊。"

他们当然不会理解，在我们藏族人家里，至少三分之一的酥油都会供奉给菩萨，这本身就代表着一种分享、一种奉献，如果我对这么一点黄油都这么执着，那么我对其他的物质只会变得更加执着。

有一次学校举行不同宗教教派的演讲活动，当时有很多来自不同地方的教授访问，学校指定我担任演讲嘉宾，讲一讲我们藏族的藏传佛教文化。

当时我很意外也很惶恐，一方面担心自己讲不好，另一方面却又不想错过这么难得的交流机会。

佛法恢宏深厚，博大精深，而我所理解的不过万一。经过仔细斟酌后，我索性把演讲的重点放在自己在寺院当僧人的那段经历上，希望他们能够从我在寺院学习和生活的点点滴滴中，看到一些不一样的东西。

让我没有想到的是，我在"取巧"之下准备的演讲，在学校里引起了极大的轰动，引起很多人的关注。

一位教授特地找到我，对我说："扎巴，你的演讲非常好，改变了我对藏传佛教的看法,你能不能安排一下时间跟我去塔尔萨(在俄克拉荷马州东北部)监狱,给监狱里的那些犯人做一次演讲?"

我惊诧莫名,经过他的解释才明白过来,原来这位教授参与了一所监狱的管理。他希望我通俗易懂又充满生活气息的演讲,能够化解犯人心里的戾气,给他们带来内心的安宁。

我并不觉得自己会有那么大的能耐,但我还是欣然接受了邀请。帮助别人就是快乐自己。

当我走进监狱,面对穿着橘黄色囚服的囚犯侃侃而谈的时候,我就在想,我的演讲、我的信仰,应该是有一点意义的。

频繁的交流让我愈发认识到自身的不足,我去图书馆的次数越来越多,停留的时间也越来越长,要不是肚子饿,我想我连吃饭的时间都能利用上。

图书馆的附近有一家汉堡店,不过一个汉堡包就要5美金,在香格里拉5美金的包子够我吃一个星期的,而且一个汉堡我也吃不饱,所以我一般都是从超市买了菜带回公寓自己做饭吃。大概也只有我去打零工或者去街道上绿化植树赚到钱以后,才会请自己吃上一个汉堡。

在公寓里简单地吃上一点,然后再去图书馆。除了企业管理方面的书,老师给我推荐的其他书籍我看得并不多,我已经放弃了实在提不起兴趣的课程,反倒是旅游行业方面的书看得越来越多,我已经有了创业的想法和思路。

我专门制作了一份电子简历,开始发往一些美国比较大的探险旅行社,希望能找到合作的机会。

我能感觉到美国人对藏族文化有种强烈的好奇心，对藏族的自然景观非常感兴趣，美国的旅行社应该需要我这样一个桥梁，把美国人和藏族景区文化连接起来。

果然，很多家旅行社回复了我的邮件，并且表示出极大的兴趣，希望和我进一步详谈。但这些旅行社大都在其他的州，东海岸西海岸都有，显然我无法承担辗转各地的交通费用，所以所谓的合作也只是停留在意向上。

但这对我已经是很大的鼓励了，这些旅行社认同了我的判断，意味着我的思路是正确的。尤其让我惊喜的是，一些旅行社还专门为我推荐了一些客户资源，这些客户都有去藏地旅游的打算。

求人不如求己，那个时候我下定决心，回国创业，就做旅游行业。以前就做导游，又在奥地利进修过相关的专业，这一次在美国学的是企业管理，可以说最后的一块短板已经弥补上了，时机成熟了。

这次来到美国读书，我最大的收获不在于学到了多少书本上的知识，而是在于读书的过程中、在和外界的交流中我发现了自己，也因此变得更加自信起来。

留在美国并不在我的选项之中，洛克菲勒在他的传记中写了一个小故事，对我的启发很大。

从前有个名叫阿尔·哈菲德的波斯人，他住在离印度河不远的地方，拥有一大片的兰花园，还有数百亩的良田和繁盛的园林。他是个很富有、也很知足的人。有一天，一位高僧来拜访他，坐在火炉边跟他说："你现在的生活很安逸，但是如果你能拥有满满一手的钻石，你就可以买下整个国家的土地；如果你能拥有一座钻石矿，你就可以利用这笔财富把你的孩子送上王位。"

哈菲德听了高僧的话，很激动地问道："你能告诉我在什么地方可以找到钻石吗？"

高僧说："在一座山的里面，有一条河底铺着白沙的小河，找到那条河你就能找到钻石。"

哈菲德非常激动，他卖掉了农场，收回借出去的钱，把房子交给邻居看管以后，就踏上了寻找钻石的旅程。

哈菲德去了月光山区，又到了巴勒斯坦，最后又找到了欧洲，他花光了身上所有的钱，变得一无所有，却依旧没有找到钻石。

由富翁变成了乞丐，哈菲德再也无法承受这样的痛苦，他从西班牙巴塞罗那的一座悬崖上跳了下去，结束了自己的一生。

哈菲德死后不久，他的房产和花园都留给了他的继承人。有一天他的继承人牵着骆驼去后花园饮水，骆驼喝水的时候继承人无意中发现，就在溪水底部的白沙中间，闪烁着奇异的光芒。继承人从白沙里捞出一块一块的石头，发现竟然是钻石，是最好的钻石！

这就是印度戈尔康达钻石矿被发现的经过，这座人类历史上最大的钻石矿，其价值远远超过了南非的金百利。英国伊丽莎白王后的王冠上镶嵌的库伊努尔大钻石，以及那俄国沙皇王冠上的钻石，都来自这座钻石矿。

洛克菲勒用这个故事提醒他的儿子："你的钻石并不在遥远的高山与大海之间，如果你决心去挖掘的话，钻石其实就在你家的后院。重要的是，我们要真诚地相信自己。"

2001年的8月，我在俄克拉荷马大学的学业宣告结束，我当时只有一个念头：回家，挖钻石。

当时恰好有一位印度的活佛来到俄克拉荷马州访问交流，他们推荐我去做翻译，一小时8美金的酬劳，需要在美国待两个月的时间，我想了想还是婉言谢绝了。

回国之前我专程去了一趟纽约，一路坐着灰狗巴士，中途去了威斯康星州的麦迪逊去看望马克，马克曾经是一位旅游领队，来过几次香格里拉。到了纽约后我又见了另一个旅游领队凯特琳，一到凯特琳家就不一样了，有饺子、炒菜等各种小吃，因为她的丈夫是中国昆明人，所以饭菜很合我的胃口。

这次来纽约我主要去见昔日建塘宾馆的老板格桑扎西，我来之前他就答应请我去吃纽约最好的牛排。见面的那天他大概临时

扎巴格丹夫妇与格桑扎西

有事情，所以就对我说："扎巴，我们是去吃牛排呢，还是我给你200美金你自己去吃？你选吧。"

"还是200美金吧。"200美金的牛排终究是太奢侈了，200美金我还可以买很多的东西。

告别格桑扎西后，我拿着200美金去7—11便利店买了一台数码相机，它确实对我很重要，远比一顿饭重要得多，我用剩下的钱买了两个汉堡。

我又和凯特琳参观了纽约一些有名的景点，其中包括纽约世贸中心，然后就坐上了回国的航班。让我没想到的是，在我回国的一个月后，2001年9月11日，恐怖分子驾驶两架飞机撞向了纽约世贸中心，世贸中心就此毁于一旦。

彼时的我已经回到香格里拉，迈出了创业的第一步。

14 飞翔吧，黑颈鹤

为什么藏族村庄里的青稞架被外国朋友称作"黑科技"？因为它的外形像火箭发射器。

为什么青稞架的柱头是尖的？那是为了防止鸟儿降落，为了防止雨水积存。

为什么藏族的房屋上有水龙的图案，纳西族的房屋中间有双鱼？那是为了"防火"。

很久以前有俩兄弟，名字分别叫玉龙和哈巴，他们在金沙江畔以淘金为生。有一天来了一个恶魔，霸占了他们淘金的地方。于是哈巴背着12张弓，玉龙拿着13把剑，找到恶魔大战了一场。凶残的恶魔砍掉了哈巴的头颅，玉龙悲愤中连砍13剑终于斩杀了恶魔。

游客户外用餐

玉龙的 13 把剑就是玉龙雪山的十三峰,哈巴就是哈巴雪山,哈巴的头颅滚入金沙江后化作了虎跳石,他的 12 张弓化作了虎跳峡的 24 拐。

在从香格里拉驶往虎跳峡的中巴车上,我侃侃而谈,绘声绘色地向游客们讲述着当地的民俗和传说。我很兴奋也很紧张,因为这是我创业之初,带领的第一个国外旅行团。

从美国回到香格里拉以后,我就紧锣密鼓地开始筹划创业,我承包了一家国营旅行社的下属部门,又找来了合作伙伴丁真。

丁真其实是有工作的,开始的时候他有点犹豫,我索性告诉他,所有的费用都由我来承担,赚到钱了我们对半分。丁真终于下定了决心,就这样我们的合作确定下来,他负责带团,我负责联系和接待。

为了节省费用,我们把工作地点设在了我家里,除了外出踩点外,我们每天窝在家里设计路线,联系交通食宿,每天都忙得不可开交,家里到处散落着资料,连下脚的地方都没有。

创业的辛苦在于此,乐趣也在于此,从无到有,从混乱走向秩序,每一个计划从构思到制定再到最后的执行,都会带来强烈的成就感。

就这样,我们成功地组织起第一个旅行团,在细致的考量后,把这次旅行的目的地设在了虎跳峡。

虎跳峡夹在玉龙雪山和哈巴雪山之间,是长江第一大峡谷,也是长江第一弯地带,是中国最美十大峡谷之一。早在20世纪30年代,就有国外学者不断来到虎跳峡进行游历和考察,并且拍摄了大量照片,虎跳峡从此在世界范围内拥有了很高的知名度,深受国外游客的推崇,虎跳峡的徒步路线也被誉为世界十大徒步路线之一。

第一次带团我们自然要谨慎再谨慎,因而选择了虎跳峡这条接受度最高的路线。事实证明我们的选择是英明的,再加上前期大量细致的准备工作,还有尽心尽力的服务,客人们都非常满意,感觉不虚此行。

第一批游客就让我们赚到了10万元,赢得了开门红。我们惊喜之后很快就冷静了下来,并没有急于分红,而是用这笔赚到的钱购买了各种装备,配备了摄像机和电脑。

我们每次带团出去,都会用数码相机拍摄大量的照片,及时地发给客户和一些朋友,这既是对客户服务的延续,也是对客户的二次开发。如果客人们能够及时收到我们的照片，他们就会把照片拿出来和朋友家人分享，这等于间接地在为我们宣传香格里拉，在为我们招揽生意。

那时候数码相机在国内还没有普及，我承包的旅行社的老总彭建生先生，同时也是一位很有成就的杰出的户外摄影师，经常会在业余时间拍摄一些照片。他同样没有数码的概念，总是惊奇于我"冲洗"照片的速度，后来他才知道原来我们的照片是不用冲洗的。

带团也是辛苦的，一些外国游客的体力很好，而且没什么负重，所以他们走得很快，高兴的时候还会哼着歌吆喝几嗓子。我们当然也不能落后，只能咬着牙跟上去，还要故意作出一副轻松的样子，免得让客人看不起。在转山和徒步旅行的路上，经常会有一些游客因为疲劳或者受伤而行动不便，有时候为了照顾他们，我们还会给他们洗脚按摩。我也会教给他们一些野外生存的简单小常识，比如说如何辨别野菜有毒，可以通过闻它的气味，或者用它在皮肤上蹭一下，如果感到痒，就不能食用。

那时的我充满热情也充满活力，哪怕遭遇到挫折也始终保持着乐观心态和信心。我们只有学会面对失败，才能获得更大的成功。

不拼不搏，人生白活；不苦不累，生活无味。

2003年，我们注册了自己的旅行社，起名为"康巴商道"，合伙人也增加到三个，我、丁真，还有益西。

通俗意义上藏族地区分为三个部分：法域"卫藏"，马域"安多"，人域"康巴"，而我就是康巴人。商道的"道"有两种含义:一是"道路"的道,是商业古道也是茶马古道;二是"道德"的道,要做商业一定不能缺少道德。

这就是"康巴商道"这个名字的由来,它始终寄托着我对茶马古道以及马帮的一种情怀,而康巴商道旅行社的 LOGO 是一只黑颈鹤。

黑颈鹤,格萨尔王的牧马者,纳帕海的尊贵客人,我们当地人称之为"神鸟"。它是世界上唯一生长、繁衍在高原地带的鹤类,志向高远,坚韧不拔。

它还是"契约之鸟",总在我们的庄稼收割以后才出现,到了春耕的时候再飞走。我们不会猎杀它,而它也不会喝清明时节的水,不会吃我们撒在地里的种子。人与鹤之间,像是达成了某种承诺,并且彼此守护着这种承诺。

黑颈鹤也在时刻提醒着我们,旅游业不可避免地会对生态环境造成一定的破坏,我们在做旅游生意的同时也要尽最大可能保护环境,与自然和谐共存。

康巴商道旅行社正式成立了,我们满怀希望地展开了工作,我们很清楚也很清醒,旅行社开始的时候要积累人气,客人可能不会那么多,所以也做好了心理准备。

然而让我们万万没想到的是,客人还没来,非典(SARS)却来了。这场突如其来的传染病迅速席卷了全国,虽然没有波及香格里拉,但还是对旅游业造成了很大的冲击。

我们也有点慌了,因为在当时根本没有人能预料到非典究竟会造成多大影响,会持续多长时间,一切都是未知数。如果疫情一直持续下去的话,我们的旅行社又到哪里去找客户,又怎么生存下去？

有人说，创业就像跳楼，只有跳下去的时候才会长出翅膀来。我总是忍不住地想，万一跳下去我的翅膀没来得及长出来，抑或落地以后才长出来怎么办？

难道我们的黑颈鹤还没开始飞翔，就直接趴窝了？

万分庆幸的是，非典肆虐到4月底的时候就渐渐消失了，这是我们旅行社的幸运，又何尝不是全国人民的幸运？

我们再次从一片空白开始上路，经过几个月的磨合和经验积累，旅行社终于走上了正轨。

应该说，我们是香格里拉"生态旅游"最早的一批先行者，这和我们自身的定位有关。我们的切入点并非大众旅游，不是仅仅带着游客去景区打打卡，拍几张照片，这样他们根本无法体验到我们当地真正的文化和民俗，对于我们藏族的文化和宗教信仰也不会有真正的了解。

藏族文化俯拾皆是。比如我从印度回来快到家乡时，我经过村庄、田园，或者是骑马、开车、走路，在很远的地方看到村民，他们手里有再忙的活计，也会放下来和我打招呼，用很大的声音招呼着"扎同硕"（来喝茶），村里的每个人都会主动同我们打招呼。每当听到这些招呼声，内心就会觉得非常温暖。不管打招呼的人认不认识都会叫声"来喝茶""家里坐"，他们第一个想的是他人，这些远方来的人是不是口渴了，是不是肚子饿了，是不是累坏了，等等。这样热情如火的民风和习俗，我在佛教发源地印度也没有见过。

所以，我们致力于游客的深度体验，主打精品"生态旅游"。

康巴商道探险旅行社导游团队

我们希望游客能够真正接触到当地的历史文化,了解当地的风土人情,生态旅游才是对大自然真正的回归。

我们开发生态文化旅游行程,带着客人或者徒步,或者骑马、转山、环湖、观察雪山、观赏候鸟,我们一次次走进茶马古道,体验父辈当年的艰辛和快乐,倾听古道千年的回声。以当地有特色的生态环境为主要景观旅游线路,从中获得心身愉悦的旅游方式。

如果以马帮作对比,那时候的我既是一个拉朵,也算是一个小小的马锅头,我们承载的不是货物,而是沉甸甸的历史文化和丰富的自然人文景观。

我们还带着客人去藏族、纳西族的村庄里体验民俗,大家同吃同住，一起品尝村民酿造的青稞酒，一起围着篝火跳锅庄舞。

这些有别于大众旅游的项目，一经推出就大获成功，深受游客的喜欢。我们服务过的那些游客尤其是国外游客，都成了我们最好的推广者，口碑相传，为我们带来更多的客户。

每次我带着客人进入小村庄，感受当地风俗文化的时候，当地人会给我们讲各种传说，很吸引游客，也很有意思。

一个好的导游不仅能给游客带来深刻的旅行体验，同时也是一个文化传播的使者；不但能为经济发展作贡献，也能为当地的文化建设作出贡献；好的导游不但能给游客带来幸福感和满足感，也能给他们带来一些人生的启迪和积极的转变。

还有很多国外游客到了香格里拉以后，经常向我感慨，他们在国外的经济条件很好，有房子、有车子、有存款，物质生活越来越丰富，可幸福感却降低了。而生活在藏族地区的人民，尽管生活条件很艰苦，很贫穷，但他们的脸上却始终带着笑容，而且是发自内心的笑容。

那么藏族人民的幸福感从何而来呢？国外的游客们因此开始反思，开始重新衡量物质条件和幸福感之间的关系。

我们接待的游客中，国外游客很少会有高原反应，国内的却很多，我觉得这不是完全是因为体质上的差异，还在于心态上的差异。

我在和国内游客通过电子邮件和电话交流的时候，他们总是有着各种各样的担心，海拔有多高，气候怎么样，身体会不会出问题，饮食是否供应充足，人还没到就开始紧张起来了。

反观国外的游客，他们来之前就已经对香格里拉做过一些了解，他们更关心当地的风光，好玩的线路，风土人情，还有一些文化上的特性，所以他们来了以后会很放松，反而不容易高反。

不管是国内还是国外游客，我们都给予鼓励。等他们调整好心态，真正走在了路上，就会发现之前的很多担心其实是不必要的。

随着时代的发展，人们的工作和生活节奏越来越快，没有时间去放松，更没有时间去审视自己的内心世界。而旅行就是身、心、意放松的最好方式。在旅途中人们可以放下繁忙的工作，排空自己，进而关注自己的内心世界，旅行在某种意义上还可以让我们发现自己，认识自己，改变自己。

在一些长途旅行中，当我们的体力达到极限时，人性的弱点、性格上的缺陷都会暴露出来，我们因此才会有所改变，观念上、心性上都会有产生某种积极的变化。

有一次我们接待了加拿大一个项目组的10名大学生，他们来自世界各地，要在这里完成为期7天的深度体验旅行。我们就把他们安排到村子里，与村民们同吃、同住，一起收庄稼，挤牦牛奶，放牛，一起学习锅庄舞。每次劳动后他们衣服上、鞋子上都沾满了泥巴，但每个人都很开心。

大学生们入住村民家里之前，我会把一些藏族的习俗、禁忌告诉他们。他们都很配合，也很尊重我们的文化习俗。而村民们也不会隐瞒他们的生活状态，会把最真实的一面呈现给他们。更能加深他们对村民真实生活状态的了解，对他们的触动也更深。

旅行结束之后，大学生们都很满意，对他们来说这7天不单单是体验、学习，同时也是修行。

还有一次在梅里雪山转山的途中，我们遇到了一位僧人，于是跟他交谈起来。僧人告诉我们，他一生坚持做三件事：不回家，不吃肉，不骑马。

不回家是不愿受到亲情的牵绊，人情往来会占用他太多的时间和精力。

不吃肉代表着慈悲，同时也是对生命的尊重。

不骑马是提醒自己不能忘却最基本的勤劳。

听到他的解释后，我和客人们都很有感触。转山就是一次净化心灵的过程，它会让我们的精神变得更加纯粹。

其实心灵净化和修行也很相似。藏族有一个特点就是对某一件事情看得比较淡，不会那么执着。生活原本很简单，修行和大度可以在人与人之间找到一个很好的平衡点与协调点。通过修行，看到自己的修养与内心的变化才是真正的快乐。人类就是一个命运共同体，藏族人非常相信因果轮回，修行中真正的目的和意义是发现自己，学会与别人分享，生活就变得更加简单。

我既然选择了创业这条路，就无法回避人情往来，而我也从不认为亲情是一种牵绊。恰恰相反，亲情是我最大的依靠，能让身边的人都过上幸福的生活，是我最大的愿望，是我不断前进的最大动力。

一个成功的或者即将成功的男人背后，总有一个默默支持他的女人。而我的背后却站着三个女人：我的母亲，我的爱人，还有我可爱的女儿次拉姆。有了她们的支持，康巴商道旅行社的业务蒸蒸日上，就像是高原上的一只黑颈鹤，终于展开翅膀飞上了天空。

15 故乡的白塔

父亲对我的影响毋庸置疑，尤其是他所讲述的茶马古道上的那段历程，还有马帮的种种经历，始终都萦绕在我的脑海中，无形地影响着我。很多时候我都在想，我现在所走的路，又何尝不是一条"茶马古道"？

我所选择的路，同样充满艰辛却也充满希望，同样有着险恶的环境却也有着美丽的风光，我同样需要应对各种危机乃至刀光剑影，我同样需要付出辛勤的汗水和巨大的勇气。

父亲最初加入马帮的时候是一个拉朵，拉朵之上还有马锅头，还有最高的敬达，敬达是马帮的拥有者，也是社会的回馈者。

我最初给人做向导打工的那几年，不就是一个拉朵吗？如今我有了自己的团队，大概相当于一个很小很小的马锅头了吧？

父亲当初的梦想是能够成为马帮里的敬达,而我继承了他的梦想,也想成为一名敬达。虽然现在距离这个目标还很遥远,还有很长的路要走,但这并不妨碍我在力所能及的范围内,为周围的人做一些事情,回馈社会。

其实在创业之初,我就已经在为当地的社区做一些事情。为了让游客们体验到当地真正的特色文化和风俗,我们经常把游客带到各个村子,推荐游客品尝当地的传统饮食,租用当地的房屋马匹,雇用当地的向导,购买当地的传统手工艺品,这些都为当地人增加了收入。

当年我从印度回国的路上,曾经对一条牛仔裤念念不忘,求之而不得。其实那与物质无关,只是一个美好的愿望,用生活必需之外的一点点金钱就能实现的美好的愿望。

而今有多少村民和那时的我一样,他们又有多少个类似一条牛仔裤的美好愿望?

我知道求而不得的遗憾和失落,我不希望他们再有我曾经历过的那种遗憾。我们积极地组织村民举办各种活动和表演,诸如锅庄舞、弦子舞之类的,游客可以从中领略到古老的民族舞蹈和音乐,而作为表演者的村民也能够获得一笔佣金。

游客在深入体验藏族村庄的文化民俗后,注意到村子里有很多贫困的家庭,开始自发地帮助当地的村民。很多人资助村子里贫困家庭的孩子上大学,让他们有机会学习各种专业课程;还出资创办了双语学校,让更多的孩子得到更好的教育;他们还和我合作,把一些村庄设为旅游点,从而给村民带来一定的收入。

随着我们接待的客人越来越多,旅行社的生意越来越好,服

独克宗古城小白塔

务项目不断拓展,具有了一定知名度。

  2004年,借与公益组织"世界自然基金会"合作的契机,我决定在村子里修建一座白塔。白塔其实就是佛塔,梵文中称为"浮屠",藏语称"曲登",其前身为古印度的覆钵式佛塔,通俗点说,塔身像是一个"倒扣的钵",这种样式的佛塔被藏传佛教沿用至今。

  因为我们藏族崇尚白色,白色代表纯净,冰山和雪山是白色的,牦牛奶是白色的,我们的哈达也主要是白色的,所以我们建造的佛塔外都要刷上一层白灰,这才有了"白塔"的俗称。

  在藏族地区有很多嘛呢堆和白塔,它们几乎成为藏族人生活的一部分,藏族民众只要看到白塔就会很自然地念起六字真言。念诵的经文不但是给自己祈祷,同时也是为六道众生祈祷。而当我们情绪低落和烦躁的时候,只要看到白塔,心中的杂念就会慢

147

慢消除，变得安静平和。

不管是从文化角度还是从建筑角度，或者从信仰角度来看，白塔在藏族地区都具有非常重要的意义。它既具有丰富的宗教内涵，又是我们藏族人的心灵寄托。在很多地方，它逐渐演变成藏族群众进行交流和活动的场所。

当时我正在和一个公益组织"世界自然基金会"谈合作的事情，我们的出发点是一致：把乡村旅游和生态旅游结合起来，让当地人参与到旅游和环境保护事业中来，以增强他们的环保意识并为环保作出自己的贡献。

基金会最初的想法是和我们进行合作，在村子里建造一个社区活动中心，我则提出了修建白塔的建议。因为他们不了解我们当地的宗教传统文化，没有认识到白塔存在的意义，所以坚决不同意。

我尽力说服他们，白塔和社区中心其实是互生的关系，如果社区中心的旁边能够有一座白塔，那么村民们就可以经常来白塔转经，这样才能促进彼此的交流，才能让更多的村民参与进来并且从中受益。

看到他们不为所动，我索性直接去了基金会设立在北京的总部，一再陈述我的观点。在我的极力主张下，基金会开始重视我的提议，随后他们做了一些调查，最后接受了我的建议。

基金会拿出一部分资金，我们旅行社投入一部分，当地村民集资一部分，事前事后的跑腿活儿全由我义务去做，毕竟白塔修建起来后，对村民也有很大的好处。

我非常重视这座白塔的建造，特地找来一块古印度那烂陀寺的古砖头，用在了白塔上。那烂陀寺是古印度时期的佛教圣地，当年唐玄奘西行取经，就曾在那烂陀寺进修，"那烂陀"的意思就是施无畏，以无畏施于众生，接济众生。白塔寄托了我的愿望，我希望建成后的白塔，也能造福一方百姓。

的确，白塔建成之后，为村民们带来了极大的便利，一些腿脚不便的老人以后转经可以去白塔，不用再去太远的寺庙。新的社区活动中心也建成了，不仅丰富了当地的文化活动，同时也让我们主张的乡村旅游和生态旅游找到了结合点。

我们把客人带到村里的活动中心，为他们讲解藏族独特的建筑风格、中柱文化，带他们品尝当地的牦牛肉火锅，大家还能在一起跳锅庄舞。

村民们也都参与了进来，他们的歌舞都是原生态的，甚至可以几天几夜地唱歌跳舞，歌颂山川，歌颂河流，歌颂大自然的馈赠。

刚开始的时候，村里的老人锅庄舞跳得比年轻人好，但老人毕竟岁数大了，而且人数也少，所以我们开始号召村里的年轻人也加入进来。

"啥，跳舞还能赚钱？"

"假的吧，还有这么好的事？"

他们惊讶不已，纷纷开始学跳锅庄舞，他们年轻又充满活力，跳得越来越好，每次跳舞的气氛都特别热烈。

Beautiful！

Amazing！

Bravi！

国内外的游客都非常喜欢这种原生态的传统文化，看了村民的表演后惊叹不已,不吝各种褒赞之词。听到他们的赞扬,年轻人获得内心满足的同时,也收获了一份文化上的自信。

当然我也非常满足,一切付出都是值得的,我们的初心就是要给村民带来幸福感,同时也将这种幸福分享给更多的人,帮助他们实现一个个美好的愿望。

我们的旅行社做得越来越好,思路越来越开阔,也开始进行一些能够融合民俗和传统文化的尝试。然而让我感到郁闷的是,在迪庆州进行的例行考核中,我们的旅行社却没有达标。

这与当时香格里拉旅游业的发展状况有关,建塘更名为香格里拉之后就迎来一波旅游业爆炸式的增长,世界各地的游客纷纷来到香格里拉,酒店和客栈也随之爆满,一些村子的村民家里都住满了游客。

那时候根本无须考虑客源的问题,所以开设的旅行社越来越多,相关的企业和商铺也越来越多,我们当地的旅游主管部门非常乐观,认为只要硬件配套设施跟得上,这种火爆的情况就会一直持续下去。所以一个旅行社是否达到考核标准,一个很重要的指标就是接待游客的数量。

很不幸的是,我们康巴商道旅行社接待的游客相对较少。因为我们做的不是大众旅游而是精品生态旅游、徒步旅游,每个团最短都需要一个星期的时间来接待客人,长的时候甚至需要一个多月。怎么可能会有那么大的客户量?

更让我感到不安的是,香格里拉的大众旅游火得太快了,其实有很多方面都没有做好准备,一旦出现问题就会带来负面影响。服务跟不上,理念跟不上,管理跟不上,还有我最担心的是,随着大量游客的到来，不可避免地会破坏自然生态，污染环境，这才是大问题！

　　游客带来了大量的垃圾，在各个景区随处可见，诸如梅里雪山那些相对封闭交通不便的大山里，很多生活垃圾被扔在转山的路上或河里，根本无法得到及时处理。

　　在藏族的传统中，圣山都是神灵的化身，神灵也庇护着住在山下的村民，所以村民们很少会去破坏环境。而当村民们看着圣山开始被外来人破坏，他们也许会想，既然神灵没有惩罚任何人，那么我们是不是也可以这样做？

　　带着这样的担忧，白塔建成后，我就经常在社区中心的广场上进行一些环保宣传，希望以此提高村民们的环保意识。

　　多年以后我的担忧变成了现实，香格里拉遭到破坏的不仅仅是环境，人们也变得越来越看重商业上的利益，传统文化开始慢慢流失。

　　大概我当时就是带着这样的担忧，当第一座白塔建成后，我就给自己定下了一个目标，要在我们这片区域中建造八座白塔，"八"代表着圆满，不管是融资也好，我自己出钱也好，一定要建造下去。

　　也许有一天，当我们的信仰不再那么坚定，我们的文化不再那么耀眼，我们的民风不再那么淳朴，但那一座座白塔，能够给我们带来安宁，能够唤醒我们的记忆，能够提醒我们重新找回曾经失去的东西。

16 负重前行

黑颈鹤在天空飞翔,我在成为一名"敬达"的路上继续前行。当然我不是一个人,我有我的团队、我的合作伙伴,我也结识了很多朋友,他们都给了我极大的帮助。

父亲生前经常对我说,人和人都是相互依存的,帮助别人其实就是在帮助自己。就像是一棵小树想要长成参天大树,不仅仅只是凭借着自身的努力,它还需要泥土里的养分,还需要阳光和雨露。

在茶马古道上,马帮人都是彼此扶持彼此帮助,马帮的拥有者敬达,会鼓励和支持马帮的人拥有自己的财富,拥有自己的骡马,这样马帮才能发展壮大起来。不同的马帮或者商号之间虽然存在着竞争关系,但行走在茶马古道上的时候也会互相帮助,大

梅里雪山外转木桥

家一起克服路途上的困难,一起抵御强盗的抢劫。马帮和大山里的村民尤其是与尼仓主之间,更是一种相互依存的关系。

要想走得快,那就一个人走;但若想走得远,那就要一起走。

我那时有一个很重要的合作伙伴,北京的 WildChina 碧山旅行社,创始人是一位大理的美籍华人,美国哈佛大学的 MBA。旅行社刚刚成立的时候,他们香格里拉的第一个团就交给我来做,一共三个家庭四五个人,其实那时候我也有自己的导游。

我带着他们徒步前往白水台和虎跳峡,但路途中却遇到了很多问题。因为修路的缘故,虎跳峡的徒步路线临时作了调整,有些路段改成了公路,本来3个小时的路程,我们走了5个多小时,风景自然没有原先路线的好。白水台也在修路,20分钟的路程我们走了1个多小时。

从虎跳峡到白水台的徒步路线本来风景很美，但是因为修路和大机械的噪音让客人心情很烦躁，他们非常不满意。

我也很不好意思，在安全到达白水台后，我带他们住了当地最好的酒店，提供当地最好的餐饮和酒水，这些都超出了我们的预算。到了香格里拉以后，我很热情地招待他们，甚至不惜自己贴钱，就是希望能让这些客人满意。我还特意自掏腰包从三家村买了三张很贵的木雕折叠桌，三个家庭各送了一张。

客人们也了解到我们国内各地的建设速度飞快，虽然那会儿还没有"基建狂魔"的偌大名头，但很多时候确实是计划赶不上变化，再加上后面的行程我们安排得很妥当，最终他们还是满意而归。

WildChina 碧山旅行社给了我很大的帮助，我们一开始合作得非常愉快，后来他们的员工和领队开始绕过我们，直接和一些资源对接。虽然这让我们的收入受到很大影响，但我也表示理解。

类似的合作伙伴还有很多，我珍惜和他们的每一次合作机会，我们因为相互关照，彼此才有了合作的机会。很多时候为了让客户满意，获得最好的体验，我甚至会让出自己的一部分收益。

我们旅行社接待的外国游客很多，其中不乏一些国家领导人和各界的名人，如泰国前总理阿南·班雅拉春、泰国财政部前部长孔塔领（Khun Tarin）、泰国的大企业家邱威功先生、香港的冯国经先生、美国的科恩兄弟，还有好莱坞和宝莱坞的很多演员，他们中的很多人后来都成了我的朋友。

邱威功先生是我很佩服的一位前辈，他是泰国著名企业家、泰国安美德集团的董事长，曾亲手打造了泰国最大的工业园区，

2006—2008年被《福布斯》杂志连续评为泰国富豪榜前40名。他还是一位畅销书作家，一位热心的慈善家，被称为"亚洲慈善英雄"。

邱先生拥有华人血统，精通多国语言，非常喜欢到世界各地旅行。我们在香格里拉认识以后，聊得很投机，并且成了很好的朋友。他从云南到西藏的整个行程，都是我来安排的，他也非常满意，还专门在泰国的媒体上多次报道了这次旅程。

他是个非常热心的人，乐于帮助他人。我们村子里的几个小孩就是在他的帮助下，去他的公司实习，学习泰语。

邱先生回国之后，他特意邀请我们去泰国参观，我们欣然前往。恰好当时有一期《国家地理》杂志的封面就是梅里雪山，我就把这本杂志送给了他，还为他献上了哈达。

邱先生很热情地招待了我和旅行社的其他两位合伙人，专门安排车辆带我们参观他的工业园区，我们转了一天竟然没有转完。

邱先生生意做得这么大，慈善也做得那么好，是当之无愧的"敬达"。

邱先生还给我们介绍了不少朋友，其中有一家小型飞行公司的老板，非常想和香格里拉进行合作。后来因操作难度比较大，只得搁浅。

他还给我介绍了都喜天阙（DUSIT THANI）酒店集团的老板，是在泰国很受尊敬的一个人，和泰国王室有一定关系，我们在他的酒店里共进午餐，他对香格里拉也表现出很大的兴趣。

还有一位携程（CTRIP）的高管，也是邱先生介绍的。那时候携程还是一家旅行社，不是现在的酒店预订平台。我和邱先生

旅行午餐

的观点很一致,香格里拉这么美丽的地方,一定要变成国际化的旅游胜地。其实2002—2008年期间香格里拉在国外特别火,很多国际连锁酒店及投资公司都非常看好它。只是我们当地人的理念还跟不上,不能给投资商提供完整的投资政策以及吸引他们留下来的举措。

在泰国的那几天里,邱先生给我讲起他自身的传奇经历,并且给了我很多鼓励和支持。

几年后邱先生又专程来到香格里拉找我,他当时想在香格里拉建一个教育基地,我就给他介绍了当时香格里拉的副州长。后来两人见了面,但因种种原因,合作没有成功。对于双方来说,都失去了一次很好的机遇。

邱先生送给我几本他的自传《做一个好人》,这本书的销量曾达到 800 万册，并被改编成了电视剧。至今它还摆放在我的书桌上，使我受益良多。

2004 年，我曾接待过一对美国夫妇，虽然他们已经 70 岁了，但身体很好，定下了虎跳峡和香格里拉的行程，甚至还有梅里雪山的雨崩。

夫妇俩很和善，在虎跳峡徒步的时候，我们在山上居住的条件很简陋，他们并没有因此而不满。因为客栈的房间没有厕所，老奶奶晚上出了房间去楼下的卫生间，因为楼梯很陡，不小心摔倒了，从楼梯上滚落了下来。

听到动静后我和她的丈夫跑下楼，我赶紧把老奶奶抱起来，查看她扭伤的脚踝。看到老奶奶伤得挺严重，我心里非常担心，当时没有办法叫到救护车，我只好自己动手帮着她紧急处理一下伤口。客栈里正好有一种泡着药材的药酒，我赶忙拿来擦拭揉搓老奶奶受伤的脚踝。

自始至终这两位老人都没有因为这次意外而发脾气，他们表现得很平和，并且跟我开玩笑说，能够来到这么美丽的地方，能够体验到当地的原生态民俗，受点伤也不要紧。他们的和善与对我的安慰，却让我更加内疚。

早上的时候，我又给老奶奶揉搓了脚踝。令我们都没想到的是，下午的时候她的伤竟然好了，走路什么的都没问题。

我非常高兴，他们也觉得很神奇，似乎冥冥中有一种神秘的力量在保护着他们。也正是这个缘故，他们对云南的感情一直都很深厚。

完成虎跳峡的徒步旅程，我们回到香格里拉之后，又带着他们去看雪山上的牦牛，然后出发去了雨崩。

雨崩的小村子美得超凡脱俗，清晨的空气里都透着一股清甜。我一早起来挤了一些新鲜的牛奶，给他们做抹了蜂蜜和酥油的薄饼。夫妇二人坐在火塘边，享受着美味，眺望着远方的雪山，非常惬意。

这次旅程让我们成了很好的朋友。后来我女儿次拉姆去美国留学，也是因为他们的鼓励。

就是这两位老人给我介绍了一位朋友，一个叫布莱恩的美国人，时任新加坡剑桥公司投资部的投资执行官。

也正是通过布莱恩，我开始参与到一些规模较大的投资项目中，通过这些项目，无论是我的能力还是眼界，乃至人脉，都获得了显著的提升。

虽然我和布莱恩最后未能合作下去，但他给了我很大的启发，我事业的转折点也来自于此。

布莱恩很喜欢藏族文化，去过拉萨和理塘，对雪山情有独钟，我和他曾多次去过雪山。他是一个很高调的人，住在香格里拉最高档的酒店里，有时候外出三四天的行程，酒店的房间也一直保留着。我在上海参加旅交会的时候正好他也在，他会在最贵的餐厅里请我和香格里拉的代表们吃饭。

布莱恩初到香格里拉的时候，四处寻找可以开发的地皮，用以打造国际旅游产业。我是本地人又做过这么多年的旅游，对香格里拉以及周边都很熟悉，所以就带着他考察了很多地方，最后我们看中了纳帕海旁边很好的一块地，地理位置非常好。

与村委会以及村民的交涉和谈判，自然交给我这个当地人来

旅途中

负责,我们最终和村民们签订了协议,拿下 100 亩地。为了保证老百姓的长期受益,我们租了 70 年。后来我又陪着布莱恩前往德钦,在德钦县的飞来寺拿下 40 多亩地,那是一个地势平坦的练车场,也是观赏梅里雪山最好的位置。

本来一切都很顺利,然而让我感到不安的是,每次到了付款的时候,布莱恩却只拿出很少一部分资金来,余下的款项都拖着。出租土地的村民们就找到我,希望我能尽快把款项付清,政府也非常重视这件事,几次派人来催促我加快进度。

我是第一次参与运作这么大的项目,说心里不担心不害怕是假的,唯恐哪里会出现问题,再加上村民和政府一再催促,我当时承受的压力可想而知。

不要说村民们,即使是我自己的利益也没有得到保障,勘察土地,与各方进行谈判,我投入了巨大的时间和精力;没有车子,我只能租一辆车四处奔波,而这些费用全部由我垫付,到了后面,司机的佣金好几个月才付一次。

后来我才弄明白,布莱恩并非是我一开始以为的投资者,他其实是一个中间人,他拿到项目以后需要再去找别的投资者。

我陷入极大的担忧之中,因为这当中的不确定因素实在太多了,项目随时都有可能失败或终止,重重压力向我袭来,几乎让我无法承受。

如果这个项目失败了,我个人的损失倒是其次,可那些村民怎么办?他们相信我、信任我,才和我签订了协议,把地交到了我手里,我怎么能辜负他们的信任,辜负他们的期待呢?

他们可能早已作好了规划,等着要用租地的租金去做一些事情,改善一下家里的生活;又有多少人指望着这笔钱去实现他们美好的愿望,哪怕是买一条牛仔裤?

17 做一个好人

布莱恩在他的行业里经营多年,拥有很广的人脉,也具备很强的能力,早就准备好了详细的项目计划书。他找来很多人洽谈我们的项目,这些人中有很多后来都成了我的朋友,从这一点上我很感谢他。虽然企划书做得很好,我们也拿到了地皮,但因为投资的金额巨大,他请到的那些人考察过项目之后很快就走了。

这些人中有华语界著名的剧作家和导演、台湾的赖声川先生,因为其夫人丁乃竺女士的祖籍是云南,对香格里拉非常有感情,但他对投资并不是很感兴趣。还有尼泊尔的首富比诺德·乔达里(Binod Chaudhary)先生也来了,他的团队进行了调研和实地考察后,认为香格里拉的资源有限,客流量有限,如果进行大规模的投资,收益并不是很可观,所以也放弃了。

恰好高西庆先生正在德钦、维西等地考察，也专门过来了解我们的项目，并且给了我一些鼓励。

我们的项目没有了着落，而村民们一直催我付钱，政府一再催问我们项目的进度。那时候的我焦头烂额，根本无计可施，只能催促布莱恩。

布莱恩实在没有办法了，找到了香港中信资本的董事长张懿宸先生。中信资本是中信集团的子公司，而中信集团最早是由国家原副主席、"红色资本家"荣毅仁先生一手创立的，张先生的爱人就是荣氏家族的成员。

为了得到中信资本的支持，我专门去了一趟香港拜访张懿宸

陈俊明（左一）、赖声川（中）与扎巴格丹

先生。为了把握住这次宝贵的机会,我做了充分的准备,特意穿上一身漂亮的藏装,又带上了一本封面是梅里雪山的《国家地理》杂志,还准备了一条哈达献给张先生。

在一家餐厅里,我见到了张先生与其夫人。张先生看上去很年轻,手里拿着一根手杖。我急忙迎上前,双手合十送上祝福,然后把哈达献给了他。

张先生很随和,他认真地听我介绍梅里雪山和我的家乡香格里拉,流露出很感兴趣的样子,这让我振奋不已,也看到了一丝希望的曙光。

回到香格里拉以后,我忐忑不安地等待着消息,用度日如年、望穿秋水来形容我当时的心情是再恰当不过的了。菩萨保佑,我终于等来了好消息,中信资本经过商议之后,愿意接手我们的项目。

得知消息的我如释重负,犹如拨云见日一般,心里一下子变得敞亮起来。我恨不得立刻找个地方好好地大醉一场,然后再睡他个三天三夜。

但我却不敢有一点松懈,事情没有进行到最后一步,谁也不敢保证会发生什么。

我们达成初步的合作意向后,由中信资本在上海的一家子公司——中信泰富的老总卢锋先生专门负责这个项目,他特地来到香格里拉实地考察。卢先生是东北人,高高的个子,一看就是个实诚人。和他随行的还有一位北京中信的律师。

中信到来之前,我已经成立了德钦高山别庄酒店有限公司,等中信加入以后我又成立了香格里拉高山别庄酒店有限公司,这家公司我占了10%的干股，因为香格里拉纳帕海的那块地是以我的名字签下来的，所以我需要把地转到公司的名下。

变数果然出现了，中信资本进入后明确地告诉我，他们无法给我10%的股份，连3%的股份都没办法给我。虽然我很失望，但也不愿因为我个人的原因而妨碍项目的进度，我的愿望就是赶紧推动项目往前走，好给村民们一个交代，所以我选择了退出。当然我的退出也是有条件的，拖欠村民们的钱款必须付清，我买地的投入也必须一次付清，还有，他们要在那个村子里建造一座白塔。

他们一口答应了下来，有一天我正在一个酒吧接待旅行社客人，中信的工作人员和当地的领导来了。他们拿出一份合同让我签，就在我签字的那一刻忽然意识到，合同上并没有对我补偿的条款，我要是签了，那之前我付出的一切就都付诸东流了。

于是我放下笔对他们说，我这段时间以来的食宿、开销、车费等都要报销，还有我们答应给村子里在外省读书学生的奖学金，中信也要承担起来。我的要求并不过分，毕竟为了项目的事我确实投入了很多，付出了不少，旅行社的很多业务也因此都耽搁了。

中信的人没有作太多的考虑，当晚就答应了我的要求，从那一天我正式退出了这个项目。

其实我心里还是有一些遗憾甚至是不甘的，毕竟项目前期我做了很多工作，也寄予很大的希望。犹如我辛辛苦苦栽下一棵树，最后自己却不能享受到一片荫凉。

不久后张懿宸先生给我打来了电话，他告诉我布莱恩只是把项目介绍给我们，但他不会继续为中信做事，所以中信要和布莱恩完成切割。

他对我说："扎巴，我们非常感谢你，在这个项目上你付出了很多。再说你是本地人，我们很需要你，希望你能够参与进来。"

张先生坦诚地告诉我，因为投资数额巨大，而且组织复杂，他无法给我股份，但可以给我一个经理人应该享有的全部福利，并且给我开出了很高的年薪。

虽然我很心动，但我也有偏执的一面，既然决定了不参与就是不参与，况且我也不太懂大公司的企业文化，担心万一过几年被辞退了，自己的事业又放弃了，反而得不偿失。因此婉拒了张先生，后来把我的朋友丁真推荐给了中信。

退出了这个项目以后，我总算松了一口气，很快又投入到其他的事情中。

与布莱恩的这次合作，对我是一次全方位的磨炼，经验上，眼界上，意识上，更多的则是在心理上。自始至终我都战战兢兢，备受煎熬。我一次次满怀希望，希望又一次次破灭，心情好像过山车般忽上忽下。很多次我甚至觉得我们已经走入了死胡同，无以为继。我也想过要放弃，要逃避，但一想到村民们会遭受损失，我只能咬紧牙关，强打起精神，想尽一切办法把项目推进下去。

虽然最后我出局了，但从结果来看也还不错。中信接手项目后，村民的利益得到了保障，政府那边也有了交代。中信还给村里修建了白塔，遵守了资助贫困学生的承诺，这些给村民带来了实实在在的好处。

邱威功先生在他的自传《做一个好人》书中写道："在经历了跌宕起伏的人生之后，我突然感觉自己像一条虫，只是在努力赚钱、打拼，该到了变成一只蚕的时候了，向社会吐丝。"

我那时就是一条虫子，一个介于拉朵和马锅头之间的打拼者，但我还是努力地吐出了一缕丝。

这次项目运作极大地开拓了我的眼界，我开始从更高层面去看待香格里拉旅游业的发展。彼时的香格里拉，有着无尽的潜力，很多国内外的大型企业和集团纷纷来到香格里拉，寻找适宜开发的地段和地皮，进行与旅游相关的产业布局。

我在经营旅行社的同时，也开始参与到一些项目的运作中，虽然很多项目都无疾而终，但也有一些结出了不一样的果实。

在与布莱恩合作的时候，我认识了美国通用公司中国区的CEO陈先生，他对我们的项目兴趣不大，却非常看好普达措景区。

通用公司是一家享誉全球的汽车制造商，公司每年都会拨出一笔资金用于资助全世界范围内的环保事业。陈先生有意拿出一笔资金，用于普达措景区的环保设施建设、景区垃圾处理，以及湿地公园植被的保护。

但这个环保公益项目并不是通用公司直接和当地政府合作，而是委托给美国的大自然保护协会，这个协会在丽江等地也有一些类似的项目。

迪庆州的州长表示很支持这个项目，由我负责协调通用公司和普达措景区的管理人员进行商谈，在多方的努力下，这个项目最终落实了。我为自己能为家乡的环保事业尽绵薄之力感到十分荣幸。

类似的事情也发生在我和赖声川先生交往的过程中。赖先生同样对项目投资的兴趣不大，但赖先生夫妇很喜欢雪山等自然景观，对藏族的历史文化很感兴趣。所以我们认识后经常去纳帕海的草原上野餐聊天，也一起去了梅里雪山。

2007年，赖先生夫人的妹妹丁乃筝女士正在拍摄一部名为《这儿是香格里拉》的电影。我负责协调拍摄中的各种事情，并且在里面客串了一个角色。

这部电影拍摄得非常成功，2008—2009年，还拿到了第32届开罗国际电影节、第12届上海国际电影节的大奖。为我们香格里在国际范围内作了一次很好的宣传。

赖声川先生回到台湾后，我们一直保持着联系。赖声川对香格里拉的感情很深厚，他想在香格里拉设立一个公益性质的戏剧表演中心，一个是表演戏剧，一个是培养藏族的演艺人才。因此我找了香格里拉的好几位领导，希望能够促成这次合作，但最终因为各种原因没有成功。

丁乃筝的爱人杨先生在上海开办了一家建筑公司，中信主导的迪庆高山别庄公司成立后，一些运作的项目需要做概念性的效果图，杨先生担任设计总监。

有一次杨先生的家人和朋友来旅游，我带着他们去了石卡雪山，徒步，宿营，行程安排了四五天，当时老天爷很给力，天气非常好。

当时的石卡雪山没有索道也没有公路，只有很窄的一条小路延伸到山顶，小路的一侧就是陡峭的悬崖，我们小心翼翼地沿着山路前行，我养的一只藏獒始终跟随着我们。

最后登顶的一段路很险峻，风特别大，吹得人都摇晃起来，我们只能抓着凸起的石头，跪在地上慢慢地向上爬。好在有惊无险，我们成功登顶雪山，杨先生和他的儿子紧紧地拥抱在一起。最后大家一起把准备好的经幡挂了上去。

杨先生当时很感慨，感觉生命无常，爬山的时候他有好几次都差点滑下去，但最终还是挺过来了。这样一次特别的经历，让杨先生有意在香格里拉留下一个落脚点，为香格里拉做些事情。

当时我们的构想是，开发一个生态旅游综合商业区，其中包括餐厅、客栈、手工艺品商铺，还有画家村，构想非常好。

我在村子的白塔附近还有一块地，但很小，所以我又买了20亩，并向政府报备了项目，很快我们就获得了立项批准。我以很优惠的价格把三分之一的土地转给了杨先生。剩下的我分成一小块一小块的，卖给感兴趣的外地朋友。

杨先生买了些老木头建起了房子，我的几个朋友也开始建造房屋，然而到了2007年，全球金融危机爆发，影响了我几位朋友的生意，我们的投资款项迟迟无法到位，项目只得停了下来。不管杨先生也好，赖声川先生也好，他们一直都想在香格里拉做点事情，始终都有这样的心思。

2006年，我在村子里的房子建好了，我们一家人搬进了新家，我有了一个更加坚实而温暖的港湾。这也是我事业的一个新开端，比起星辰大海的征途，我更加清楚自己想要的是什么，自己究竟要做的是什么。

人生需要四种人：名师指路，贵人相助，亲人支持，小人刺激，这四种人我都遇到了，并且和我的人生轨迹产生了交集。

宗喀巴大师说："心善地道亦贤善，心恶地道亦恶劣，一切依赖于自心，故应精勤修善心。"

我们的心若是善良的,那么做一切事终会结出善果;心若不善,那么非但无法得到一切,反而会堕入三恶趣。解脱还是沉沦,完全在于我们的本心。

无论做什么,我们首先要做个好人。

18 家的港湾

我的父亲仁青培楚于 1999 年过世,三年后的 2002 年,我的姐姐斯南卓玛因为胃癌也走了,享年 65 岁。

姐姐是个有大爱的人,她和父亲一样是虔诚的佛教徒,内心充满了慈悲,总是默默地为我们祈祷、为我们奉献。姐姐没有上过一天学,一辈子生活在乡村默默无闻,但她却用她的一生,把最美好的东西带给了我们。

我的外孙格桑培初说,奶奶是伟大的,他从奶奶的身上看到了最大的体面。

2002 年我和爱人又去了一趟印度,把母亲从印度接了回来。当时的探亲证很不好办,我们到了新德里之后,因为联系不到大使馆里的熟人,等了很长时间也没办成,索性直接去了尼泊尔。

我的朋友益西和他爱人央追都在尼泊尔,我们暂时住在他们家里。益西是我多年的朋友,我与央追也是很好的朋友,当初他俩的这段姻缘就是我促成的。

我们在益西家住了很长时间,我想了很多办法去办理妈妈的探亲手续,但总因各种原因被卡住。妈妈经常犯头痛病,每次看到妈妈犯病,我心里就很难受,很内疚。我本意是要把妈妈接回家去享福的,但没想到会弄成现在这个样子。

益西的妈妈也在尼泊尔,有一次我们出去吃饭,碰巧遇到一位丽江的朋友,竟是丽江音乐民族学家宣科的妹妹,她一直生活在尼泊尔。益西称她为宣三娘,名字里透着一股侠气。

宣三娘确实是位急公好义、为人排忧解难的"女侠",她见到我们,尤其是见到我爱人时非常高兴,大概因为她也是丽江人,

扎巴格丹与父亲、香格里拉的姐姐和外孙格桑培初

也嫁给了一位藏族男人。在印度和尼泊尔很少能见到纳西族人，所以宣三娘见到我爱人格外开心，她俩用纳西话就开心地聊天。当宣三娘得知我们遇到的困难后，很热心地帮助了我们。当时中国和尼泊尔边境发生了泥石流，不少国人在灾难中遇难，宣三娘正在负责处理死者的善后工作。

她给我们介绍了一位领事馆的官员，这位官员了解情况以后，很快就给母亲办好了签证，母亲终于可以跟我们回家了。感恩宣三娘的"拔刀相助"。

我们从尼泊尔坐车到拉萨，然后飞往成都，在飞机上认识了一个很热情的女孩，她也要从成都火车站转车。到了成都火车站，售票窗口前万头攒动，早就排起了长长的队伍。这时女孩主动提出帮我们去买票。

当时我害怕上当受骗，就让妈妈寸步不离地守着行李，我一个人跟了过去。但我总跟不上她的脚步，她一会儿跑到前面，一会儿跑到另一个窗口，我干脆就站在后面一直盯着她，不到几分钟女孩就给我们买到了票，她把票交给我以后微笑着向我们挥手告别。

不知道从什么时候开始，我的戒备心越来越重。这个世界其实还是好人多，买车票的女孩，宣三娘，还有上次去印度帮我们把行李抬上公交车的那位印度大叔，以及很多帮助过我的只有一面之缘的朋友，他们都是好人，当我冥想的时候他们都会出现在我感恩的名录里。

我带着母亲回到家以后，又想办法把印度姐姐的儿子接了过来，因为姐姐家里有四个小孩，负担很重。一开始我安排他在德钦县白马雪山的藏文学校当义工，后来通过章含之女士的帮忙，我送他去中国和瑞士合办的一个学校——上海锦江国际理诺士酒店管理学院（LRLL）上学。

章含之女士是著名民主人士章士钊先生的养女，中国著名外交家。曾经担任过毛主席的英语老师，她退休后就住在北京的四合院中，我去北京的时候曾有幸拜访过她，她当时还担任着上海锦江国际理诺士酒店管理学院的名誉校长。有了她的举荐，我姐姐的儿子顺利地进入该学院。

俗话说，牲口跑得太远，就会失去天赐给自己的牧场；话头不能扯得太远，否则就回不到故事出发的地方。

因为工作的缘故，我经常跟着旅行团奔波在外，有时候还要参加一些商务上的应酬，家里的一切都是我爱人陈文英在操持。毫不夸张地说，我能有今天的成就，我的女儿那么优秀，都离不开我爱人的支持和鼓励。

我爱人非常善良，与每一个人都能友好地相处，而且总是为他人着想。她会做的拿手菜，都是我喜欢吃的，因为这些都是她为了我专门去学的，就连我喜欢喝的印度茶和酥油茶，她也同样做得很好。

大概她唯一没法迁就我的就是我很喜欢吃的印度菜，印度菜里的咖喱味她和女儿都不喜欢。女儿次拉姆总是开玩笑说，我说汉语的口音里都带着咖喱味。记得有一次我们一家人去了印度新德里，本来我订了一家不错的餐厅，可是当爱人和女儿闻到咖喱味儿就迅速地走开了，她俩宁愿跑到藏胞聚居的小巷子中吃一碗凉粉。

扎巴格丹和夫人陈文英、女儿次拉姆以及在印度的姐姐和她的儿子

我爱人很节俭,吃的穿的用的都不讲究品牌。她开着一辆很省油的两厢车,我一直都想给她换,可她不同意,觉得挺好。而我对车也没有太高的要求,普普通通地以实用为主,房子也是如此,温暖舒适就好。

我爱人保留着纳西族妇女所有的优秀品质,最优秀的品质就是吃苦耐劳,能干重活。有一次家里要搬家具,家具很重,要两个人才能抬得动。那天我临时有事就给忘记了,等我回到家里的时候,爱人一个人就把家具搬进去并且给摆放好了。我当时真是太惊讶了,我的夫人实在太能干了!

我曾经听说过一个笑话,一位纳西族的妇女去镇里赶集,走在街上的时候,她身后的背篓忽然开始冒烟,于是路人纷纷大

扎巴格丹与爱人陈文英

喊:"你的背篓着火了。"妇女却像是没听到一般,淡定地继续前行。有人忍不住冲上前去,一把掀开妇女背篓上的盖子,结果却发现背篓里坐着那位妇女的老公,正拿着一杆烟枪在抽水烟呢。

由此可见,纳西族的妇女是何等的厉害!

其实我爱人很喜欢出去旅行,也很爱热闹,然而她知道必须要把家里的一切都操持好,让我在外面没有后顾之忧。她不但要照顾好女儿,也要照顾好妈妈,同时还兼顾到她公务员的工作,为了我们的家,她付出了很多。所以只要有机会,我们旅行社在周末举办聚餐或舞会的时候,我就会带着她一起去,出国的时候也会带上她。

2005年的时候,村子里开始修路了,这条路一旦修好,从村子里到独克宗古城开车只要六七分钟,非常方便。

那时候我就开始考虑,在村子里建造一栋带院子的房子,把我们的家搬过去。我的户口在村子里,我有自己的地,亲戚们也非常支持我搬过来。

我的地旁边有一大片的野生海棠树，每一棵树的形状都很漂亮，一年四季的景观很美，色彩的层次变化非常丰富，到了6月份，树林里还会开满一朵朵白色的小花。这片树林在我的家族里已经有几百年的历史了，其中有四五十棵树是年头很老的古树，要是它们在景区的话都要上户口挂牌子。在我们藏族传统里，这片树林是有龙缘的，有龙王在里面，所以每一棵树都不能砍，让它们自由地生长。

记得我从国外刚刚回国的时候，有时姐夫在树林边上割草，我就坐在一边看书，那时候感觉非常好。

所以我决定把建房地址选在这里，这块地很大，被我充分利用了起来，修建了主体房屋、库房和车库。主建筑前面有一个很大的前院，种满了花草树木，后面还有一个大大的后花园，后花园的边上就是那片古树林。

我的房子和当地的建法也有些不同，香格里拉几乎所有的藏族房子，墙壁都是U形的，而我的房子是L形的。在清晨阳光照射的东面，我没有修建外墙，而是修建了大大的玻璃窗，这样早上一起来就阳光明媚，既亮堂又舒服，一直到黄昏时分太阳落山，客厅里都有阳光照射进来。

大多数香格里拉的房子都是朝东，这与传统建筑理念有些关系，还有最重要的是村民早上要挤奶，而奶牛很喜欢光线，亮堂的环境里它们就会很放松也很配合，这样挤奶的时候手就不用来回移动。而我的房子是朝南的，和早期藏族传统的小窗户不同，我采用了大采光的窗户，这样显得更加亮堂。

房子内的布局我也作了改动，改成了双重门，一来有利于

扎巴格丹 2006 年在村子里修建的第一栋房子

空气对流,二来到了冬天,我养的宠物可以睡在两道门之间的空间里。

整栋房子我大都采用土木来建造,冬暖夏凉,而且在色彩和外观上也能和村子里的建筑保持一致。

在我的理念中,我们传统的建筑当然很好,从外观到艺术都非常到位,只不过有时候为了居住的舒适性,我们可以适当地改变空间布局,在采光和家具装潢上都可以作一些调整。不管是我的房子还是古城里的酒吧、民宿,我都坚持在保留传统建筑美观的同时兼顾到舒适性,使我们当地人或外地的甚至国外的客人都可以接受。

2006 年,房子盖好了,村子里的土路也修好了,我们一家人迫不及待地搬了过来,然后开始七手八脚地装点我们的新家。

因为有足够大的院子，我给藏獒修建了一个很宽敞的房间，不管是睡觉还是玩耍，它都能有足够的空间。有时候我跟着狗在院子里跑来跑去，感觉很舒服，也是很好的放松。

我从小就喜欢狗，小时候在印度寺庙的时候，有一只黑色的流浪狗经常在周围转悠，我就把自己吃的留出来一些出来偷偷地喂给它吃。

寺院的僧人们经常骂它撵它，它很懂事，逃得飞快，等僧人们走了，它又悄悄地来到我的窗子下面，轻轻地叫几声，像是在和我对暗号。听到它的叫声后，我就把吃的东西丢到窗外。

后来它好几天都没有出现。我心里很着急，偷偷跑出去找它，最后在很远的地方找到了它的尸体。我非常伤心，哭得眼睛都肿了。

后来我看了一部叫《奴里》的电影，影片里有一只忠诚的名叫"凯罗"的小狗，那时候做梦都想有一条这样的狗。我对狗有很深的感情，一直都在养狗，狗对我来说也是家庭中的一员。

后来我又买了一些羊和马鹿用来放生，都养在院子里。这样我们的新家充满了勃勃生机。

在我上班的时候，每到下午的三四点我就想要回家，那时候的阳光会从高大的玻璃窗里照射进客厅，坐在客厅里喝着茶非常惬意。

不同的时间段里，总会有不同的景致，只要回到家我心里的烦恼就会立刻消退，心情变得愉悦起来。以前我和朋友们聚会的时候都会去外面，后来聚会的地点就改在了家里。

让我放心不下的是那片古树林，因为有龙王在，不能随意冒犯。我和家人可以做到，但我养的狗、羊、马鹿却不知道这些，我生怕

户外院子

它们跑进树林里撒野，冒犯龙王不说，还会引起村里人的不快。

　　当地的老人就给我出主意，说可以把龙王请出去。于是我就按照村里的习俗，请大活佛做了一场法事，把龙王请到了普达措的方向。龙王走了以后，我们就可以自由地进入树林，可以修剪树枝,狗也能跑进去玩了。

我们称尼村的人不多,每一家的院子都很大,相隔也比较远,所以不管是白天还是夜里都非常安静。

我们村子里的建筑和格局也大都保持着原生态,村子前面就是石卡雪山,风景很优美,所以经常有人来村子里写生。

有一次,一位外国的老师带着他的学生来到香格里拉写生,每个村子都分配了几个学生。分配到我们村的学生就住在村民家里,平时村民吃什么他们就吃什么。

当时有位老外住在我家里,最后一天他们要回城的时候,老外对我说:"谢谢你的热情招待,你们的村子太漂亮了,很安静,住在这里非常舒服。"

我说:"如果你喜欢的话,可以继续住下去。"

我以为老外会欣然接受,因为西方人说话都是直来直去,很少会说客套话。谁知道老外却连连摆手道:"不不不,我要回城,你们这里虽然好,但是太安静了,过于安静了!"

朋友丁真曾开玩笑跟我说:"扎巴,如果你在这个院子里能待得下去,我的鼻子都能当牛鼻子一样穿起来。"

他之所以这么说,是因为我们做旅行社的天天都要在外面跑,喜欢热闹,有时候还要出差去外地,又要经常和游客在一起,唱歌跳舞的应酬很多。所以他觉得我闲不下来,搬到了比较偏远的村子以后,肯定无法忍受这里的清静。

可是丁真没想到的是,这次他失算了。我并没搬回城里住,我在我的新家一待就待到了现在。

我觉得人其实都有两面性,既可以接受喧哗和热闹,也要能接受清静和孤独，一如我们悲喜交加的人生。重要的是，我们要找到生活的平衡点。

当我处在热闹环境的时候，也会在人群中保持一份内心的安静；当我独处的时候，我会打坐冥想，听听歌，或者看一些历史小说和人物传记，总之并不会觉得无聊。

中国有句古话叫"居移气，养移体"，就是说随着环境的变化，人的心境和气质也会发生变化。搬入新家后，我的心境确实发生了不小的变化。

原先我们的房子有两层，后来我又加盖了一层，修建了一个经堂，一来可以用于自己打坐冥想，二来有时候会和僧人们一起念经。从经堂的露台上，可以看到巍峨壮观的石卡雪山。

经堂里供奉着菩萨和佛祖，也收藏着我这些年收集的一些古董、文玩、佛塔、擦擦、嘎乌、天珠，还有各种各样的唐卡。

每当夕阳西下，太阳的余晖照进经堂，我都会在一幅幅悬挂着的唐卡前驻足很久，于静谧中领略它们的美，感受它们的独特韵味，还有它们所蕴含的传统文化气息。

唐卡是藏族传统的绘画艺术作品，也是中国民族文化艺术的瑰宝，一如古老的茶马古道，承载着1400多年的历史。

就在2006年的5月，藏族唐卡（编号313 Ⅶ-14）被列入第一批国家级非物质文化遗产名录，同批列入非遗名录的还有弦子舞（编号122 Ⅲ-19）、锅庄舞（编号123 Ⅲ-20）、热巴舞（编号124 Ⅲ-21）、藏戏（编号224 Ⅳ-80）、藏医药（编号448 Ⅸ-9）等等很多很多。

我一直都想开办一个公益性的唐卡中心，现在时机成熟了。

19 我的三大提案

从 2002 年开始到现在，我连续被选为州、县两级的人大代表和政协委员，可以参政议政。在每年的两会上我都会提出相关的议案，为家乡的发展献计献策。

我的提案主要涉及三个方面：旅游业的可持续发展，环境保护、双语教育体系及文化传承与保护。

香格里拉的旅游资源非常丰富，它位于被列入世界自然遗产的怒江、金沙江、澜沧江三江的并流区域，由此形成了多样化的自然景观，如白马雪山、哈巴雪山、普达措森林公园、纳帕海湿地自然保护区、虎跳峡风景名胜区、巴拉格宗生态旅游区，以及众多尚未开发的旅游景区。

我们还有延绵了 1000 多年的茶马古道，有历史文化名城独

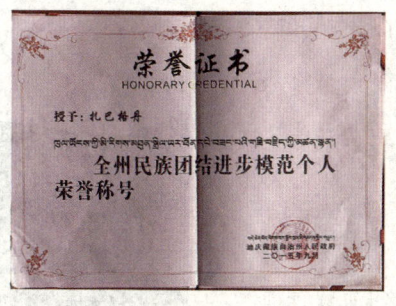
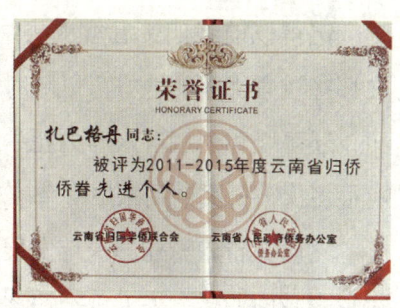

2015年扎巴格丹获全州民族团结进步模范个人荣誉称号

扎巴格丹被评为2011—2015年度云南省归侨侨眷先进个人

克宗，有"小布达拉宫"之称的松赞林寺，有各种鲜明而又独特的香格里拉藏式建筑，这里除了藏族之外，还汇聚着傈僳族、纳西族、彝族、白族、汉族等26个民族。

丰富的自然景观、鲜明的藏式传统与多元的民族文化，三者交融在一起，形成了香格里拉独一无二的魅力。

2001年，国务院正式批准中甸县更名为香格里拉县，香格里拉的旅游业呈现出爆炸式的增长，极大带动了我们当地的经济发展，也让香格里拉变得闻名遐迩。

但随着越来越多的国内外游客涌入香格里拉，一些问题也渐渐暴露出来。我们的生态环境遭到了破坏，旅游产业布局滞后，因为市场的不规范，监管的缺失，个别单位出现了乱收费现象，个别商家为了追求利益以次充好，甚至向游客售卖假货，一些旅行社也出现了宰客和强买强卖的现象……这些问题和因此产生的负面报道，对香格里拉的声誉造成很坏的影响，每次听到这些负面消息，我都感到非常痛心。

　　记得以前我们带着客人去纳帕海的时候，在那些风景优美的地方可以随时停下来参观拍照，还可以和藏族群众养的牦牛免费合影，还有很多次被村民请到家里喝茶。

　　然而随着旅游业的快速发展，香格里拉变得越来越商业化，人人都把追逐利益放在了首要位置，我们很多优秀的传统都开始流失。那些摄影角度很好的地方都被封堵了起来，游客要拍照就必须交钱。一些村子之间开始出现矛盾，会为了一点利益而陷入无休止的争吵，甚至彼此给对方设置障碍，这一点让人很遗憾。我觉得村民之间为了利益产生矛盾是正常的，但我们必须要带着宽容与包容的态度去解决矛盾，通过沟通乃至辩论，找到一个大家都可以接受的平衡点。如果抱着"我不好过你也别想好过"的心态去解决问题，就会形成恶性循环，无异于大家联手毁掉香格里拉的声誉。

　　香格里拉的品牌属于香格里拉的每一个人，维护这个品牌是每一个人的责任和义务。从自身做起，只有我们自己做好了，才能正面地去影响他人，树立起良好的口碑。

　　旅游相关的从业人员也要提高素质，尤其是旅行社的导游，因为这些人是直接和游客接触的，也最直观地代表着香格里拉人的形象和

独克宗古城

素质。如果他们说出一些不礼貌的话,出现乱收费或者宰客的现象,会给游客留下极坏的印象,进而影响到他们对香格里拉的旅游体验。导游还担任着宣传、推广香格里拉的重要角色,更要提升自己的职业素养。只有他们融入其中,才能把游客真正带入香格里拉这个伊甸园中。

香格里拉的独克宗在藏族地区乃至全世界都是独一无二的古城，有着鲜明的宗教特色、建筑特色、民族特色，茶马古道的商业文化和历史人文也融入其中。我希望独克宗古城的配套管理越来越好，政府和民间一起重视起来，以科学的态度，从顶层对古城进行完整的规划和设计。

比如说，我们可以把古城进行区域上的划分，开设以酒吧和娱乐场所为主的一条街，以民族手工艺品为主的商业街，特色小吃一条街，还有其他艺术文化和民族文化工作坊及民宿和酒店的区域。这样不但易于管理，对于投资者来说也能看到稳定的商业发展模式，以增强他们的投资信心。

政府的信心、支持、投入都非常重要，一些基础设施诸如灯光、水电、供暖、清洁、消防都要进行科学合理的布局，对于房屋的建造标准和建筑材料，都要有严格的标准，并且要站在全局的角度进行规划。古城的每一座建筑都应该在保留传统建筑风格的基础上，根据各自情况增加一些特色和个性化的东西，与时俱进，而不是一刀切地要求每座建筑都要涂成土黄色或者其他同一种颜色。

在环境保护和文化保护上我们尤其要重视起来，只有这样，香格里拉的旅游业才能得到可持续发展，才会有光明的发展前景。

我们还应该大力发展乡村旅游和生态旅游，一来可以减缓生态环境的压力，二来也能带给游客更全面、更深入的体验，还能推动我们民族民间文化的交流与发展。

在英国作家詹姆斯·希尔顿的小说《消失的地平线》中，香格里拉被描述为人间仙境和世外桃源，也由此让香格里拉进入了全世界的视野。

香格里拉是有名的森林王国，森林覆盖率达到了36.4%，生长在香格里拉的名贵中药材，如虫草、贝母、雪上一枝蒿、珠子参等达到900多种；这里是野生动物的乐园，有滇金丝猴、小熊猫、金钱豹以及各种候鸟等60多种珍稀动物；这里还拥有众多的高山湖泊、冰川、雪山、草原，具有得天独厚的自然生态景观。

然而随着游客的大量涌入，制造了大量的垃圾，对环境和水资源造成严重污染，一些自然景区过度开发，造成植被破坏和水土流失，甚至埋下了地质灾害隐患。历史告诉我们，自然界的生态平衡一旦被打破，想要重新修复过来将是一个艰辛漫长的过程。环境保护刻不容缓，首先要从我们自身做起，大力宣传环保意识，同时政府部门要制订出合理的管理条例，引导、约束外来游客对环境的破坏行为，将游客对环境的影响减小到最低程度。

我在奥地利留学的时候就特别佩服当地人的环保意识，他们很早就实行了垃圾分类，在公园和景区几乎看不到随意丢弃的垃圾。

还有不丹，我曾经去考察过，为了保护当地的生态环境，他们在生态旅游方面下了很大的功夫，自然旅游和文化旅游也做得很好。在一些高质量旅游项目的开发上，他们走在了亚洲前列，相应的配套管理也做得非常到位，这些经验都很值得我们去学习。

环境保护的重要性毋庸置疑，而文化的保护也同样重要，正是自然环境和民族传统文化的结合，才构成了香格里拉独一无二的魅力，两者相得益彰，缺一不可。在香格里拉的这片土地上，生活着20多个不同的民族，每一个民族都有着悠久而又灿烂的文化。各民族不同的文化、不同的信仰在这里相互交融、影响，和谐共存，它们就像一块块的拼图，最终拼接出香格里拉绚烂多彩的多元文化景观。

以我们藏族为例，在 2006 年的时候，很多藏族的传统文化项目都被收入国家非物质文化遗产名录，这些非物质文化遗产同样存在于我们香格里拉，并衍变出独特的风格，比如锅庄舞、弦子舞，还有藏戏和唐卡。

随着旅游业的井喷式发展，我们确实得到了更多的实惠与机会，但旅游的文化性却被削弱了，内涵被消解了，开始变得浮于表面。

我们当地人的淳朴思想也受到了冲击，传统文化开始出现缺失，尤其是传承下来的民族手工艺品的制作工艺，甚至面临失传的窘境。

在我的提案中，我主张大力推广汉语、藏语双语教育，文化保护首先要保护的是我们的语言，语言是文化的载体。

双语学校的教育，不但能为学生树立起多元的文化思想，还有利于各个民族之间的团结与包容，为推动民族文化保护、促进民族团结创造有利环境。

通过汉语言的学习，也能切实增强藏族学生适应社会发展的能力，为国家和少数民族地区培养出汉、藏双语兼通的人才。

不管是在我们旅游行业的交流会上，还是在两会上，我都会围绕着以上三个方面提出一些自己的建议，我的提案引起了大家的关注，有关部门特地找到我，询问提案中的一些想法和思路。

在云南省迪庆藏族自治州有香格里拉这么一个世界性的品牌，全国最好的旅游目的地之一，对整个藏族地区来说，香格里拉算是一个典型的代表,最开放的一个景区,有着独特的文化自然景观,古老的锅庄舞和藏传佛教寺庙。特别是我们的古城,我去过很多地方,但是独克宗古城是最独特的,它是活着的古城,具有鲜明的特点。

作为这样的一个旅游目的地,外人眼中的伊甸园,他们来了要看什么呢,除了自然景观,就是我们很多的民风民俗,我们的建筑文化和语言文字,这些都具有重要的历史和文化价值。

我从公务员时期的停薪留职起就开始从事导游工作,我在国外留学的专业也与此相关,可以说我见证了香格里拉旅游崛起的整个过程,并且参与其中。而在这个过程中,我不断在总结,在反思,在调整,并力所能及地去做一些事情。

环境保护也同样如此,我从做旅游的那一天开始就很注重这一方面,不管是我们的团队还是我们接待的游客,我都会向他们灌输环保的理念,而国外的游客在这方面显然做得比我们好得多,这对我也是学习和督促。普达措森林公园环保项目的落地,就是我的一次积极尝试。

而文化保护的理念,也是我在实际工作中逐步产生的,因为父亲的缘故,我对茶马古道始终有着异乎寻常的情结。

各地出于建设规划的需要,很多路段的古道要么被整改了,要么完全消失了,对此我不仅仅是遗憾,甚至有些恐慌。每次走进香格里拉的村庄,我都会惊叹于村民们制作的精美的手工艺品。可惜现在这些手工艺者被遗忘在角落里,犹如一颗颗蒙尘的明珠,其生存现状令人心酸。

因为商业化的冲击,传统文化不可避免地式微了,他们代代相传的手工艺随时面临着失传的危机。保护民族手工业，保护传统文化，让它们得以传承下来，重新焕发生机，已经是刻不容缓的严峻现实。

如果只是单纯注入资金去扶持传统的手工艺者，不但意味着巨大的成本，而且也无法从根本上扭转式微的局面。

如何去扶持他们，如何让手工艺者和市场完成对接，如何让传统和现代形成良性互动，如何去构建一个健康的传统文化产业链，成了我当时思考最多的问题。

2006年，我终于作出一个重要决定，以自筹资金的方式创办"香格里拉民族文化多样性传承与保护协会"。

20 举步维艰

香格里拉民族文化多样性传承与保护协会(以下简称"协会")的创办,从立项到审批得到了州政府的鼓励和支持,成为滇西北地区为数不多的政府认可的非官方民间公益组织之一。我把协会的会址设在独克宗古城的金龙街31号,那里有古城中保存完好的藏式建筑群。

香格里拉有着丰富多彩的藏族传统文化艺术,民间手工艺品、民间故事、诗歌、歌舞、音乐等等都是无比珍贵的文化财富,都应该得到保护和传承,使其不断发扬光大。

我希望通过协会的宣传推广和扶持,能够推动香格里拉文化产业的发展,如果村子里的传统手工业振兴了,村民们则多了一条增收的途径。"授人以鱼,不如授之以渔",扶持我们当地传统

香格里拉民族文化多样性传承与保护协会（唐卡中心）

手工业的发展，远比直接资助村民更有意义。

协会创立之初，我的能力还不足以照顾到全局，必须找到一个合适的切入点，我选择了唐卡。

唐卡是藏民族民间艺术的瑰宝，2006年又被列入国家非物质文化遗产名录，无论是它悠久的历史还是丰富的艺术内涵，都值得我们大力推广。

唐卡，藏族独特的绘画艺术形式，藏语本意为"平坦、宽广"，因为唐卡画在装帧的时候，会在上下两端安装可以舒卷的画轴，所以唐卡的含义引申为"可以展开的卷轴画"。

唐卡至今已有1400年的历史，传说吐蕃第三十三代赞普松赞干布得到神灵的启示后，用自己的鼻血绘制了白拉姆像，再由文成公主亲手装帧成完，这就是藏族的第一幅唐卡。唐卡由此和藏传佛教结下了不解之缘，成为藏传佛教修行中必不可少的观想道具，在藏族地区无论寺院规模的大小，都会在经殿中悬挂唐卡，很难想象没有唐卡的寺庙。

唐卡的绘制要求严苛，程序极为复杂。宗教题材的唐卡则必须遵照严格的仪轨来进行创作，创作的主题有祖师像、诸佛菩萨、本尊护法、生死轮回以及西方极乐世界等。一些常见的佛像唐卡往往带有叙事性，一般在唐卡的中心位置描绘出主要人物，然后从画面的右上角开始，按照顺时针方向，围绕着主体依次绘制出与主体相关的人物或场景，一幅唐卡就是一个完整的故事。

唐卡的创作也并非仅限于宗教题材，作为一门传统的绘画艺术，唐卡创作的题材非常广泛，涉及藏族人生活的方方面面，因此被称为藏族的"百科全书"。

比如"孜唐"，题材主要为天文知识、宇宙结构、天体运行；"曼唐"内容涉及藏医学的方方面面，诸如藏药、医疗器械、人体解剖等等，具备很高的科学价值，曼唐也成为寺庙医学院、藏医院以及藏医的必备之物。除此之外，还有很多记录历史事件、民风民俗的唐卡，比如反映唐朝文成公主进藏的《文成公主入藏图》，反映长寿和吉瑞的《六长寿图》，图里有长寿老人、长寿岩、长寿树、长寿水、长寿鹿和黑颈鹤，还有表现自然和谐、各民族团结和睦的《四瑞和睦图》。

我在接待国外游客的时候最喜欢跟他们讲《六长寿图》和《四瑞和睦图》这两幅唐卡的意义，客人们非常喜欢听，也很感兴趣。特别是《四瑞和睦图》，从这幅唐卡中可以看出一切法无自性，这是现实生活中我们每个人都需要接受的，画面中四只动物通力合作搭起"人梯"去摘树上的果子，"四瑞"各自都有自己的位置，各自奉献出自己的智慧和力量，这也告诉我们所有生存的万物需要相互依赖才能延续下去，我们都需要彼此的智慧，需要彼此的帮助和支持。

唐卡的制作材料根据制作材料的不同，唐卡又可以分为绘画唐卡、刺绣唐卡、缂丝唐卡、珍珠唐卡等等，不同材料制作的唐卡风格迥异，各具特色。

保护唐卡艺术，传承唐卡艺术，让这颗蒙尘的明珠重新焕发出光彩，也就成了我们协会的责任和使命。

很快，协会下属的唐卡中心成立了，开始分批次地招收学员，学员无须承担任何费用，协会将承担他们所有的食宿和学费，每月还为他们发放一定的生活费，以免除他们的后顾之忧。

我专门请来了唐卡师洛桑克主担任授课老师，洛桑当时是一名修为高深的喇嘛，现在已经成为一位活佛。他是香格里拉人，从小就爱好绘画，年幼的时候跟随家乡的一位活佛学习唐卡，勤学多年之后，又师从一流的唐卡大师潜心学习了6年，具有很深的艺术造诣。

第一批我们招收了4名学员，都是来自农村贫困家庭的孩子，对唐卡艺术抱有浓厚的兴趣，洛桑带着他们，传授给他们唐卡绘画的基本功和相关的藏文化知识。

按照藏族传统说法，"布谷鸟叫三巡"才有一幅唐卡诞生。就是说一个唐卡师在创作一幅唐卡至少需要三年的时间。一些艺术水准很高的唐卡，往往需要唐卡师投入更多的时间和心血，甚至十几年才能完成一幅。

我们给学员设置了3—4年的课程，主要是把他们带进唐卡绘画的门槛。实际上一个合格的唐卡师，至少需要学习六七年的时间。

在学员的招收上我们没男女性别的限制，只要是热爱民族传统文化，对唐卡艺术感兴趣的学生，都在我们的招收范围内。在藏族传统中，女性是不能从事唐卡事业的，但我们应该与时俱进，作一些改变。

唐卡中心不但招收女学员，我还将她们中的一些人专门送到青海的热贡，参加更专业的唐卡学习，比如说我后来创建的阿若康巴庄园的副总央宗，就是当时被送往青海学习的学员之一。

绘画唐卡线条

游客体验唐卡绘画

唐卡班

绘制唐卡的学生

此后我们请来了更多的唐卡师，如斯诺达吉、巴丹南吉以及春初和她的丈夫公巴才让。

就这样，唐卡中心开始运转起来，走上了正轨。然而也开始出现了各种流言乃至是恶意的诋毁。有人说我的动机不纯，成立协会和开办唐卡中心，只是为了赚钱和获取名利，是把这个公益组织当成个人牟利的工具。

作为凡人，我心理上也会遭受打击，但我更清楚自己在做什么。如果我真要想赚钱的话，完全可以运作其他的商业项目，根本没有必要费尽心力地创办这么一个公益组织。

身正不怕影子斜，走自己的路，让别人去说吧！

在过去的几年里，我通过旅行社的经营和一些项目的运作赚到了一些钱，在独克宗古城租了几栋老房子用来做手工艺品，同时也买了几块地，我们唐卡中心的用地就是其中之一，剩下的一些地我要么租了出去，要么用来自己做生意。

2006年，我和旅行社的两个合伙人丁真和益西，在独克宗开了一家名为"阿若康巴私厨"的餐厅，"阿若康巴"在藏语里是"来吧，朋友"的意思，是茶马古道上我们康巴马帮之间经常说的一句问候语，这个品牌日后延续到我开办的民宿事业中，并且大放光彩。

这家餐厅建立在古城内的皮匠坡，地理位置很好，坐在二楼就能看到大佛寺和转经筒，以及连片的藏式古建筑群。在装修上我们投入了大量资金，采取中西结合的方式，以传统的藏式风格为主，又安装了西式的壁炉。餐厅的菜以藏餐为主，同时还有印度餐和西餐，还专门请来了一位尼泊尔籍的大厨巴斯卡。

应该说，我的餐厅当时是整个古城里装修最好、最有特色的，也是档次最高的。餐厅从一开业生意就非常好，经常爆满，前来吃饭的客人只能提前预订，不管是本地人也好，国外游客也好，都非常喜欢来我们餐厅用餐。

第一年阿若康巴藏餐厅的营业额就超过了300万元人民币，在整个香格里拉拥有一定的知名度。正是有了这家餐厅以及旅行社等其他产业的收益作为支撑，我们的唐卡中心才得以开办下去，没有陷入"关门大吉"的窘境中。

唐卡中心刚刚成立的时候,很多国内外朋友都对我表示了支持,打电话的、发邮件的、发短信的都有,但真正愿意拿出资金来资助我们的却是少之又少。没有外来资金注入,也不能断了学生的学习和生活费,唐卡中心的课程一天都不能断,起码要维持正常的运营和学员们最基本的开销,而这些开销只有由我一个人来承担。

可就算我浑身是铁又能打几根钉子?单单凭借我一个人的力量唐卡中心很难支撑下去,就算我倾尽所有勉强支撑下去,也无法进行更多的尝试,开展更多的项目,这根本不是长久之计。为了实现唐卡中心的长久运营,我必须想办法获得外界的赞助,哪怕是引起更多人的关注也好。

很快我们唐卡中心针对外地来的游客开设了唐卡体验课程,为来到香格里拉的游客们提供短时间的唐卡体验培训。这个课程引起了很多国内外游客的兴趣,他们对古老的唐卡民间艺术充满了好奇,尤其是香港的游客,如香港中文大学,还有一些其他大学艺术系的学生,在了解了我们的运作之后,都和我们展开了培训课程的合作。

课程结束之后,学生们回到香港,就拿出他们自己的唐卡作品举办展览,他们也盛情邀请我们唐卡中心的人过去参加交流。比较遗憾的是,我们协会的唐卡师生们因无法办理港澳通行证而不得不放弃,失去了一个很好的和外界交流的机会。

实际上我们失去的不止这一次的机会,好多次唐卡中心的人要去国外进行交流,由于各种原因审批都无法过关。

2008年，唐卡中心的年检没有通过。年检没通过，意味着唐卡中心办不下去了。

我的一个学生从有关部门那里回来后哭着对我说："扎巴老师，唐卡中心要关门了，我们怎么办呢？"很多学生都哭了。他们大都来自偏远山区的贫困家庭，希望通过学习唐卡能改变自己和家庭的命运，如果唐卡中心关闭了，意味着他们将失去这宝贵的学习机会。

我当时也非常难过，就一再安慰他们："大家请放心，唐卡中心一定不会关门，你们也一定不会离开这里。"

我去了有关部门，经过解释，做各种工作，最后终于通过了年检。唐卡中心保住了，但前进的步伐也慢了下来。

外部无援，唐卡与市场的对接条件还没有成熟，我每年至少要拿出一半的收入投入唐卡中心，但也仅仅能维持唐卡中心最基本的正常运转。

我承受着巨大的压力，唐卡师也不断地流失，我的心情无疑是压抑的，我甚至开始怀疑自己能否坚持下去。

但我决不能违背自己的初心，哪怕我只剩下最后一丝希望，我也决不放弃。

21　不忘初心

2008年，唐卡中心又招收了7名全日制的学员，还从云南怒江地区招收了4名怒族贫困学生。我依旧遵守着自己的承诺，所有学员的费用全部免除，包括他们的生活费都由我来承担。

而在这一年的5月12日，四川汶川发生了8级大地震，地震产生的地震波在短短的时间里，围绕着地球转了6圈。这场新中国成立以来损失最严重灾难，冲淡了奥运来临前的喜庆，让无数国人陷入苦难之中。位于眉山的大旺寺也因地震的破坏，经殿中供奉的泥塑和雕像受到严重损坏，我的朋友成燕和徐芳有意为大旺寺捐献一幅观音唐卡。他们一起出资10万元钱，委托我们唐卡中心创作一幅四臂观音唐卡。

四臂观音，以无上法力庇佑有情大众，利益众生。四臂观音

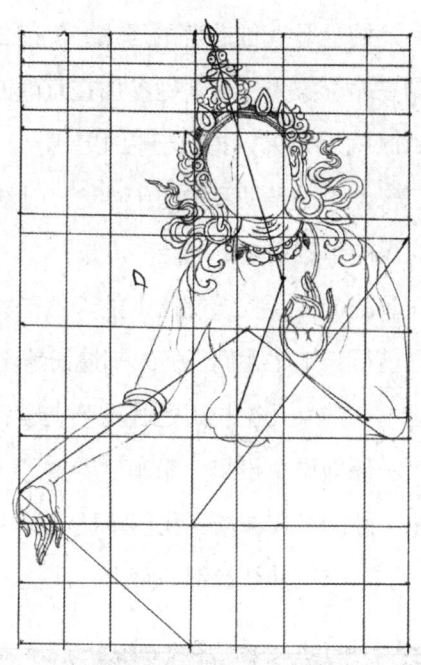

唐卡线条绘画

唐卡的规格很大，创作中需要完全采用传统的矿物质材料。

为了让这幅作品尽快完成，为灾区人民祈福，我们开车专程前往拉萨，寻找唐卡创作所需的矿物质材料。

与我同行的有唐卡师洛桑克主活佛、成燕女士，以及我7岁的女儿次拉姆。

成燕女士是四川人，曾经在美国留学、生活多年，相继在世界五百强企业中担任高管，2007年她在事业的巅峰期选择急流勇退，定居在香格里拉，专心修行、画画。

我很钦佩成燕，不是每个人都知道自己想要的究竟是什么，也不是每个人都能选择自己想要的生活，佛家说猛回头有万钧之力，懂得放下方为大智慧，成燕放下得干干净净。

她也是一位慈悲的居士，5·12汶川大地震之后，全国政协副主席李蒙先生邀请她参加在京的四川籍社会人士座谈会，成燕当时就想为灾区捐献一幅观音唐卡，一来是为灾区的百姓祈福，二来她也是帮助我的唐卡中心，让更多的人参与进来，表达藏族人民的善意和祝福。

我们去寻找绘制唐卡的天然矿物颜料，成燕也不辞辛苦地一同前行，她比我们任何人都迫切地希望把祝福早日送到灾区。

我的女儿次拉姆是去拉萨上学，她的性格很活泼，一路上嘴巴不停地说个没完，晕车后老实了一会，没多久又开始闹腾了起来，她的存在冲淡了我们略显沉闷的旅程。

从迪庆前往昌都的路上，次拉姆写了一首诗，我非常喜欢。

次拉姆与来自康巴的朝圣者在214国道上合影

春天过去了,
山上的积雪还没化。
夏天到了,
湖里的荷花还没开。
秋天还没到,
我已经来到了"世界屋脊"。
冬天到了,
朝圣的藏人很孤单。

此时距离西藏发生的3·14打砸抢事件过去没多久,紧张的局势虽然缓解了一些,但进藏的路上依旧设置了很多检查站,对入藏人员检查得很严格。

本来我担心香港籍的成燕会受到阻拦,但转念一想有画师洛桑克主活佛在应该不会有麻烦,但让我们始料未及的是,恰恰是因为克主活佛的存在,我们在沿途很多检查站接受了检查,到芒康时竟被拦下了。

刚好我手机里存着一位芒康县领导的电话,在电话里说明缘由后,他及时帮助了我们。在芒康过了一夜,第二天一早,我们拿着通行证又上路了。

我的老吉普车就像是一匹不堪重负的老马,途中先后爆胎了五六次,有一次是在夜色下的金沙江边,还有一次是在兀鹫环飞的高山牧场,好在我们总能找到助力,化险为夷。一路上我们还遇上了泥石流、冰雹、大雨等各种意想不到的困难,最终平安抵达拉萨。

唐卡

克主活佛说，我们的发愿很了不起，所以有菩萨护驾随行。

在拉萨的一所唐卡学校，唐卡师得知我们要绘制唐卡为灾区祈福，就把刚刚研磨好的矿石颜料优先分配给我们；大昭寺的喇嘛也给予了帮助，卖给了我们足剂量的金粉银粉；拉萨商店里的店员也拿出最好的藏式锦缎任我们挑选。我们带着采购齐备的各种物品前往白度母寺院，祈求度母的加持。

把女儿送到学校以后我们就赶紧踏上了归程。回到香格里拉，克主活佛就开始着手创作唐卡，他带着学生和成燕四处寻找植物添加原料，指导他们用天然朱砂做底色，研磨各种矿石颜料。克主活佛负责主画面，学生们负责画面周边的云彩和装饰，大家分工合作，全神贯注地投入到唐卡绘制中。

经过三个多月废寝忘食的工作，四臂观音唐卡基本完工，克主活佛闭关一周为唐卡加持经文。因为大型唐卡要装裱在锦缎上，我特地从巴塘请来巧手的缝工，从古城里请来祖母级的藏族和纳西族裁缝，还有古城最好的木匠，在众人通力合作下，完成了唐卡最后的装裱工作。

大型唐卡《鎏金四臂观音》，全部采用天然颜料，长 2 米，宽 1.5 米，重达 30 斤，画面中的观音菩萨悲天悯人，美轮美奂。

制作完成的唐卡，被悬挂在唐卡中心的殿堂里，来自德钦雁门寺的喇嘛和克主活佛不停地念诵经文，络绎不绝的古城百姓和游客，不分民族、年龄、性别，纷纷手持酥油灯和蜡烛前来祈福，他们念诵着经咒，唱诵着佛音，向着唐卡敬拜。

天灾虽无情，人间有大爱。感恩所有的人。从开始筹备到最后制作完成，四臂观音唐卡满载着我们藏族人民的祈祷和祝福，寄托着无数人美好的祝愿,闪动着佛法的慈光,于11月24日抵达眉山大旺寺,这座有着400多年历史的古刹。

我们一行人受到眉山市政协、眉山市宗教局和民宗委各位领导的热情接待。我们穿着传统藏装,手捧唐卡走进寺院,前方僧人焚香引路,道路两侧信徒居士吟诵佛号,大旺寺的住持昌德法

唐卡

师亲手接过唐卡,并称之为本寺的"镇寺之宝"。

随后眉山市政协黄副主席、眉山市宗教局何局长、大旺寺住持昌德法师依次讲话,而我作为香格里拉民族文化多样性传承与保护协会的理事长,也代表香格里拉和唐卡中心为灾区献上了祝福。

彼时的大旺寺已经在重建中,我希望在菩萨的佛光普照下,灾区人民能够获得内心的宁静和安慰,祝福大旺寺,祝福眉山人民。

其间曾经有一位当地的官员向我们建议,能不能改画一幅汉传佛教的菩萨画像。成燕为此询问了全国政协副主席李蒙先生,

唐卡

李先生回答说:"观音菩萨是所有民族的菩萨,不分汉藏。"我为此深受感动。

我们下山的路上一场小雨从天而降,克主活佛说,这是菩萨降下的甘露。

一方有难,八方支援,全国各族人民众志成城,战胜了天灾,

终于迎来了奥运盛典。

到 2009 年，唐卡中心已经运营了三年。随着招收的学员越来越多，资金的压力越来越大，我肩上的担子也越来越重了。

但我并没有忘记自己的初心，我坚信我所做的一切都是有意义的，唐卡中心一定会迎来转机。

然而就在我振奋精神继续负重前行的时候，一场突如其来的打击让我猝不及防，蒙受了不小的损失。

我们在 2003 年开办的康巴商道探险旅行社，在经历过非典的低潮期后迅速走上正轨，始终保持着良好的经营，每年至少接待两千多名外宾。

当时康巴商道旅行社已经拥有了一定的知名度，口碑也非常好，云南电视台《大观》节目的《亲密

唐卡

唐卡

接触》栏目，专门录制了我们旅行社的故事，同时在中央电视台的第九频道播出。

自从2008年以来我和我的两个合伙人丁真和益西，都有各自忙碌的事情，益西每年都要回几次瑞士，而丁真也在外地忙着美丽乡村的建设项目。为了不影响旅行社的正常经营，我们经过协商后最终决定三人轮流管理旅行社，并且聘用了一位总经理来负责具体的管理工作。

然而我们没想到的是，2009年的下半年，这位总经理瞒着我们所有人挪用了40万元现金，我们发现以后就开始追讨这笔钱，最后在这位总经理弟弟的帮助下也只追回来一半。几个月后，我们的出纳又侵占了20万元公款，本来我们想要报警，但决定还是给他一次机会，让他在指定的期限内把钱还回来，但他却一分钱也没还。有一天出纳的妈妈找到我，为他儿子一再向我求情，我看着这位身体残疾的妈妈在那里苦苦哀求，感到辛酸，最终打消了讨回钱的念头。

其实这笔钱无论对旅行社还是对我来说都非常重要，那时候的唐卡中心正处于低谷期。

情绪低落的我去了西藏山南，开始了长达20天的闭关，我关闭了手机，切断了与外界的联系，每天只是看书，静修，回顾这些年来自己走过的路，细数这一路走来的得与失。

对于那时候的我而言，虽然已经摆脱了以前那种非常辛苦的生活，但我总是会想到我的父亲母亲，想到他们所经历的酸甜苦辣。

每当我遇到困难，陷入困境时，仿佛都会看到身上挂满了各种小商品的父亲走在印度乡村里四处叫卖的身影，看到母亲把一碗一碗的面条推到我的面前,摇头说自己不饿时的慈祥神情。

我告诉自己一定要坚强起来,父亲母亲当年承受的压力吃过的苦,难道会比我现在的小吗?那么难他们都挺过来了,我为什么不可以?

20天的闭关结束后,我刚刚出关走到一座白塔下,就接到朋友打来的电话,说要在我的唐卡中心订制一批唐卡。

我放下了电话,仰望着身边的白塔,内心欢喜的同时,突然有种想流泪的冲动。冥冥之中,菩萨仿佛在看护着我,每当我陷入困境心性动摇时,她就会为我带来启示,为我带来信念。

《华严经》云:三世一切诸如来,靡不护念初发心。

不忘初心,方得始终。

22　方得始终

随着我们的推广，唐卡中心渐渐为外人所知，很多来香格里拉旅游的游客都对唐卡产生了兴趣，对这种传统的藏族艺术形式充满了好奇。为此我们相应地开设了唐卡培训体验课程，让游客了解唐卡，亲手制作唐卡，亲身领略唐卡的魅力。

通过学习唐卡，我们能感受到一些内心的东西，而绘制唐卡又是一个提升自我专注力的过程，只有懂得专注的人才会真正学会放松。

体验课程由于时间短，不可能让他们真正掌握到唐卡的精髓，因此我们在体验课程中只是让游客尝试着画唐卡的局部，比如佛祖的手印、菩萨的眼睛，还有一些神话人物的细节之处。他们在体验唐卡艺术的同时，也能通过唐卡这个切入点，对我们的藏文化和佛教文化多一些了解。

　　有一位国外游客在观摩了唐卡中心后，非常感兴趣，就找到我说，他希望留下来当义工，我们管吃管住就好。在这位朋友的帮助下，我们建立了一个国际性的唐卡艺术中心网站，希望通过这个窗口，能够让更多人关注唐卡。

　　网站建立起来以后很快就发挥了作用，很多国内外的朋友看到后主动联系我们，专门前来香格里拉进行体验。国内外的一些艺术院校也和我们展开合作，派遣学生团体来到唐卡中心，进行短期的唐卡培训交流。

　　唐卡体验课程开始被外界所接受，也为唐卡中心带来了一些收益，虽然不多但却让我很开心。每一次课程结束，就意味着这个世界上又多了一些了解唐卡的人。

　　刚开始的时候，来唐卡中心学习、体验的国外学生比较多，反而是他们对唐卡的了解更多一些，而国内的学生80%都不知道唐卡是什么。后来渐渐地国内学生开始多起来，远远超过了国外的学生，这一点让我感到很欣慰。唐卡艺术原本就是我们民族民间传统艺术的一部分，我建立唐卡中心的初衷，不就是希望能有更多的人去关注唐卡艺术，关注我们的民族传统文化吗？

　　可喜的变化总是在悄无声息中产生，随着唐卡中心知名度的提升，国内外的学生和游客也越来越了解唐卡，一些国内外的传统媒体和新媒体，接连报道了我们的唐卡中心，中央13台1+1新闻也报道了我们，从而引来了更多人的关注。

　　我的一位朋友Georgina陈是香港信报的主编，对高原文化情有独钟，她专门在信报上报道了我和唐卡中心的故事，还经常报

国际学生绘画

道香格里拉区域的旅游和文化,吸引了很多香港人和英国人。

她和成燕同样具有慈悲的胸怀,辞职以后开始专修佛学,有时候我会跟她就佛学和传统文化进行探讨与辩论。

她也是佛法慈悲的实践者,把自己的财富都回馈给了社会,也许她人生中最大的快乐、最大的幸福就是帮助别人。我非常钦佩她,Georgina 陈为唐卡中心提供了非常大的帮助,对我的上师和佛学院帮助也极大。

正是有这么多的帮助,唐卡日渐引起外界的关注,也引起了有关部门的注意。他们关注到舆论的报道,也看到了唐卡中心的积极因素,终于消除了之前的诸多疑虑,多了几分对唐卡中心的信任。

唐卡艺术乃至民族传统文化的宣传和推广，离不开政府的认可和支持，尤其是积极参与一些对外文化交流活动，这不但对唐卡中心来说是向外推广的机会，也是把香格里拉推向世界的一个窗口。

真理像流水一样长，流言像是老鼠尾巴一样短。我扎扎实实做事的这几年，也被大家看在眼里，以前对我的那些误解和流言早已烟消云散，唐卡中心收获了更多的善意。

2008年，我的外孙格桑也加入唐卡中心，成为一名光荣的义工。他从青海师范大学毕业后就回到家乡，之前做过一些项目，很有自己的一些想法。一开始的时候他对唐卡中心也有很多看法，不明白有那么多可以赚钱的项目，我为什么要在唐卡中心投入如此巨大的精力和财力。但在做了几年义工以后，他通过唐卡的课程了解到很多藏族文化和佛教文化，开始意识到唐卡中心存在的意义，观念上有了积极的转变。

格桑一直觉得文化保护协会作为一个公益组织，应该和市场紧密结合起来，只有这样才能形成良性循环。大概他也看到了唐卡中心潜在的危机，一旦缺少外部资金的注入，唐卡中心将面临关门的困境。一个公益组织想要长久地维持下去，必须具备造血功能。

最让我们感到欣慰的是，从我们唐卡中心毕业的学员中，有些成了唐卡师，继续从事唐卡事业；一部分学生开办了自己的唐卡工作坊；还有一些学员进了寺庙、村寨或者商业开发区画唐卡，画壁画，从事建筑的绘画装饰等艺术策划工作。他们都是我们撒下去的种子，是唐卡文化推广和传承的使者。

但也有一些学员选择了放弃,一些女学员毕业以后就嫁人了,不再从事唐卡这个职业,有一些学员毕业后则选择了其他行业。那些学员最终没有选择唐卡相关的行业,也与我们没有创造出一个可以让他们学有所用的环境有关,从这一点上来说我们任重而道远。

后来我把文化保护协会和唐卡中心交给格桑去管理,格桑一直都想打造一个"2.0版"的协会,找到唐卡中心的盈利模式,再把以前培训出来的唐卡师都召回来,让他们学有所用。只是唐卡市场还远没有释放出潜力,容量并没有那么大,我们也只能一面等待时机,一面在摸索中前行。

虽然唐卡中心依旧面临着这样那样的问题,但不管怎样,我们通过它做了很多有意义的事,也培养出了一批人才,更是借着这个平台积极宣传推广唐卡,为唐卡艺术的传承和保护,为香格里拉乃至整个藏族的民间传统文化事业作出了自己的贡献。

直到今天我在做民宿的时候,依旧借助唐卡中心这个很重要的平台,向客人们积极宣传推广唐卡艺术,体验课程也一直在开办着。

传统文化的复兴需要一个漫长的过程,有时候甚至要付出几代人的努力,我希望格桑能够继续做下去,去打造他设想中的2.0、3.0、4.0版文化保护协会,在实现个人价值的同时,也能让我们香格里拉更多的传统文化艺术重新焕发出光彩。

从2006年创建文化保护协会、办唐卡中心以来,我还担任着云南师范大学和云南民族大学 SIT(School of International Training)项目的学术顾问。该项目是针对外国留学生进行3个

唐卡老师和学生

月左右的短期培训,课程主要是语言学习和文化考察,留学生要把语言学习的成绩和与当地文化相关的论文带回所在的大学,获得通过后才能拿到相应的学分。

大学的老师会带着项目组的留学生每年到香格里拉来3—4次,有一门课程叫独立学习,给了学生很大的自主学习空间。有些学生对音乐很感兴趣,有些学生对自然感兴趣,有些对宗教感兴趣,还有一些对建筑、植物、公益、民俗文化等感兴趣。

独立学习的课程时长有3—4个星期,有些学生要去的地方很艰苦,而且面临着语言不通的交流障碍,我要负责帮助他们协调处理这些事情,为他们提供一些便利。

每次他们来的时候，我也会分享一些香格里拉的情况，邀请一些动物、植物、文化、宗教等各个方面的专家，同他们进行交流与分享。

我很愿意去做这些事情，因为可以借着这个机会，把香格里拉的自然风景和风土人情、民族文化以及传统民间艺术介绍给他们，让他们对香格里拉有更加深入的了解。

虽然我所做的一切看不到直接的效益，但他们每个人都将成为把香格里拉推向世界的使者，在他们日后的经历里，会向更多人介绍香格里拉，会带更多人的来到香格里拉。

比如有一位留学生后来读到了博士，他写的毕业论文主题就是普达措景区公园，从多个方面对普达措景区公园进行了研究，这对普达措也是很好的宣传。还有一位学生因为参加了尼西村土陶的体验，由此喜欢上了土陶手工艺品，他毕业后专程去了美国西雅图，自己建立了一个用来介绍中国文化以及少数民族传统手工艺品的组织，其中就有尼西土陶。

我也因此认识了更多的外国朋友，我在世界各地旅游的时候，总是会碰到一些熟悉的朋友，就好像父亲当年行走在茶马古道上，遇上马帮的熟人，并彼此问候一声"阿若康巴"：来吧，朋友！

除了唐卡之外，我们的文化保护协会也进行了其他方面的尝试。尼西村的土陶手工艺在我最初接触的时候，村里只有两三家制作土陶的手工作坊，其中有一家做得特别好，遗憾的是土陶师傅家有个儿子去当了僧人，没有人继承他的手艺，面临着失传。同样的，三家村传统的木匠手工艺同样面临着失传。

我带旅行团时只要有机会就会带着客人去尼西村，向他们推荐当地的土陶手工艺品，希望他们能够买下一些产品，给工匠师傅们带来一些收入，也让他们看到土陶制作的前景。我们还在博物馆专门策划了一个土陶手工艺品的展览会，以宣传和推广尼西村的土陶。

在大家的共同努力之下，尼西村的土陶手工艺品为越来越多的游客所知，也为他们所接受，尼西土陶终于焕发了生机。现在的尼西村，制作土陶的至少有六七十家，工匠师傅的技艺越来越精湛，也融入了很多当下的文化元素，发展前景越来越好。

除此之外，我还和一些传统手工艺品牌如卓番林、诺乐等展开了商业合作，这些品牌在藏族地区乃至世界上都有较大的影响力，他们为民族传统手工艺的保护和传承作出了重要贡献。

这里，我想把我在香格里拉民族文化多样性传承与保护协会成立10周年会上的演讲抄录如下，也可以算作是我对这一问题的代表性认识：

我是扎巴格丹，是香格里拉民族文化多样性传承与保护协会的创始人。我出生在印度，在印度长大。身处异国，我从小对故乡有一种深深的眷恋和向往！从17岁和父亲回到家乡，一晃已经过去30年。回首30年，我很努力地做了很多事，创立了康巴商道旅行社，意在让其他民族乃至世界的人们了解我的家乡，走进我的家乡；做了两个精品酒店，意在告知世人，康巴人不仅有美丽的风景，我们也可以做到在最美的地方让你体验最美的感觉！但迄今为止，我最自豪和最骄傲的就是2006年创立了香格里拉民族文化多样性传承与保护协会。

一个国家也好，一个民族也好，要立于世界之巅，世界民族之林，除了学习、创新，还有一个更重要的方面，那就是传承和保护本国和本民族的文化传统。唐卡是什么？想必大家对它都有些了解，唐卡至今已经有1400年的历史。如此悠久的历史文化，赋予了唐卡一副神秘的面纱，唐卡的画面如此绚丽多彩，即使你是一位苛刻的鉴赏家，看到它也不会否认它的美丽。唐卡反映了藏族人民的历史、文化、传说等等，它成为藏族人民的信仰。

　　唐卡是一种在纺织品上彩绘的卷轴画。唐卡是藏族文化中一种独具特色的绘画艺术形式，堪称藏民族的百科全书。作为国家级非物质文化遗产之一的"唐卡"曾经陷于颜料工艺几乎失传的境地，现在又何以重新焕发青春？不管是钱景还是前景都被大家看好。如此被人看好的唐卡，在现在有什么理由不去倾注心血和一生去守护和传承下去呢？

　　在这里，我想借用德勒少爷的一首小诗"故乡与我"，来表达我对故乡的热爱，对传统文化守护的决心！

我不能拾起一块故乡的石头，
我只有把石头放回故乡的土壤里。
我不能捧起一汪故乡的雪水，
我只有把雪水洒进故乡的江河里。
我不能依恋一个叫故乡的地方，
我只有把自己放进故乡的人群中。
故乡，才是我的。
我也是，故乡的。

23 最高的人生使命——敬达

"卓番林",藏语意思是"利益大众",它也是西藏拉萨一个具有民族文化特色的品牌,专门从事民间手工艺品的制作和销售,在西藏做得非常好,在国际上具有一定的影响力。

卓番林的运营模式很科学,公司负责把散落在民间的手工艺人组织在一起,农闲的时候手工艺人就在自家的作坊里制作手工艺品,然后通过卓番林的平台向外推广销售。公司+手工艺人+作坊的这种模式,不但可以给手工艺人创造收入,而且也有利于民间文化的推广。这种运营模式保护了很多民间传统工艺,也挽救了很多面临失传的手艺。

我印象比较深刻的是"旺丹仲丝"这门传统藏族手工艺,它是日喀则市著名的"江孜卡垫"的前身,早在公元 11 世纪就出现了，在卓番林这个平台的帮助下，旺丹仲丝这门手工艺才没有失传，反而得到了发扬光大。

2007年，我们州县政府引进了卓番林品牌，但在2008年的时候，很多公益组织和外国人离开了香格里拉，卓番林的外国老板也要离开，他就找到我，希望我能接手香格里拉的卓番林。我当时考虑到他们团队的组织结构有些复杂，委婉地拒绝了，但始终关注着卓番林。

后来听说他们找到了合作伙伴，但没多久就因为资金链断裂陷入困境，这个项目就此中断，原先的团队解散后连公司也给注销了。没有了订单，与公司合作的那些手工艺者一下子失去了收入来源。

卓番林团队的一位员工扎西仁青多次找到我，希望我能接手过来，最后我考虑之后正式接手了手工项目，通过自己的平台和朋友让手工艺人不断地创造产品和保住他们的技能。当时我的朋友李众，就是阿若康巴系列精品民宿的设计师，他和他的爱人也非常关心传统民间手工艺的保护，所以他也加入了进来，扎西仁青以库存手工产品作为股份，我和李众一共注册资金50多万元，开办了阿若康巴文化发展有限公司。

香格里拉的卓番林虽然已经不存在了，但是它的运营模式对我有一定的启发，可以帮助到更多的人，而且也不占用工匠和手艺人的时间。他们在空闲时就能制作一些手工艺品，这对当地的妇女也是一种帮助。我们这个项目最大的花费其实是在培训上，要为工匠和手工艺人提供吃住，还有劳务费，以及老师的补助等。

扎西仁青后来去了英国留学，我们又请了德钦的卓玛作为合作伙伴。她的经验非常丰富，一直都很关注社区妇女的生活改善问题，总是想法设法为当地的妇女增加收入，直到现在她还在负责阿若康巴手工项目，也帮助到了更多的人。

除了手工项目之外，后来我还和另一个有名的手工牦牛绒织品——"诺乐"展开了合作。诺乐的创始人是一位美国女孩，名叫德清·雅诗（Dechen Yeshi），是我多年的好友，她的经历同样很传奇。

德清·雅诗，母亲是法国人，父亲是藏族，所以她的身体里流淌着藏族人的血液。

2004年，主修电影专业的德清·雅诗在美国大学毕业后想要拍摄一部纪录片，在母亲的推荐下她把纪录片的拍摄地点选在了甘肃省甘南藏族自治州的佐盖仁多玛村。然而德清未想到的是，这一次的寻根之旅却让她和仁多玛村结下了不解之缘。

仁多玛村海拔3000多米，村子里共有200多户人家、1000多个居民，村子周围既没有树木也没有农田，有的只是一望无际的天然草场，还有数以千计的牦牛和绵羊，千百年来，村民们都过着逐水草而居的游牧生活。

原生态的景观，绝美的风光，让走出大学校门的德清充满了惊奇和惊喜，她四处行走，拍摄了大量影片和照片，她那时还在兴奋的憧憬着，等到纪录片制作出来以后，一定能大放异彩。

德清在四处采风的同时，还完成了母亲交给她的一项任务——收集一些牦牛绒，当时的她并不知道，就是这些看上去毫不起眼的牦牛绒，成就了她的事业。

德清的母亲有着20多年纺织品贸易的经验，也熟悉各类手工艺品的制作，正是她发现了牦牛绒的经济价值。

牦牛绒是牦牛身上用来御寒的一层绒毛，长在头颈的附近，也是牦牛全身最纤细的绒毛，产量稀少，采集起来极为麻烦，只能在春天自然脱落的时候用手一点点薅下来。

小牦牛身上的绒毛是最好的，每头小牦牛每年只能产出100克左右的绒毛，其中只有25克可以利用，按照传统工艺纺织一条披肩，至少需要30头牦牛的绒毛，织出来的成品非常柔软，而且保暖耐用，这些优点注定它在服装配饰的高端市场上会有所作为。

2007年，德清和母亲在经过一番考察和测试后，开设了诺乐（Norlha）工坊，工坊的地点就设在仁多玛村。

诺乐，藏语的意思是"珍宝或者财神"，平常牧民把牲口都叫成"诺"，因为牲口也是财宝。工坊选用的是纯天然的牦牛绒，所有的纺织品全部采用传统的手工艺来制作。

如何把以天性崇尚自由、以游牧为生的村民转变成合格的工坊员工，这是一段颇为艰难而又令人啼笑皆非的过程。为此，德清足足用了小半年的时间，甚至跑到牧民家里彻夜长谈，试图打消他们心中的疑虑。

德清做到了，她成功组建起一支团队，购买了设备，又派人前往国外学习先进工艺，柬埔寨的真丝手工织造工艺、尼泊尔的羊毛织造工艺、印度的手工捻线技艺，在融合了这些先进的手工工艺后，第一批牦牛绒纺织品顺利诞生。

就是在这一年，德清带着纺织品的样品前往时尚之都的法国巴黎，回到村里工坊的时候，她带回了600份订单。

扎巴格丹夫妇和诺乐创始人德清·雅诗夫妇

诺乐从此便一发不可收拾，迅速占领了欧美发达国家时尚大道上的各大奢侈品商 Balmain、Sonia Rykiel、Lanvin、Haider Ackermann，以及国人熟知的爱马仕（Hermès）和 LV 店铺，这些奢侈品牌先后成为诺乐的合作伙伴，将牦牛绒纺织品引入自己的产品系列。诺乐的成功无疑带动了工坊员工的积极性，也因此搭建起一条良性的产业链，这给当地的牧民带来了收入，极大改善了他们的生活条件，也为这一地区的经济带来了可持续发展的活力，可以说诺乐以一己之力，改变了整个仁多玛村的命运。世代以放牧为生的仁多玛人除了放牧之外又多了一个有尊严的就业选择。

我和德清很早以前就认识，友谊非常深厚，她的家人以及她的母亲都曾来香格里拉我的家里做过客。我对德清取得的成绩非

诺乐牦牛绒手工地毯

常高兴，本来我们一直都想找机会合作，但因为彼此都忙于各自的事业，始终没有一个很好的合作的切入点，直到 10 年后，出现了合作契机。

彼时的诺乐已经在拉萨开设了一家门店，而我经营的阿若康巴品牌民宿也筹备着在拉萨开设第三家分店，闲暇的时候我就与德清取得了联系。

那时的德清已是三个孩子的母亲，她的爱人是甘南藏族人，非常具有商业头脑，在甘南桑科草原负责运营一家原生态的帐篷酒店（诺尔丹帐篷营地），每年 5—10 月中旬营业，每次去甘南我都会去他那里坐一坐，很喜欢那里的人与自然环境。

我专门去了一趟甘南的仁多玛村，参观了诺乐在村里的工坊。那时候的诺乐已经拥有 100 多名员工，几乎都是当地的牧民，这些藏族群众天性质朴、吃苦耐劳。为了收集牦牛绒，员工们需要去各个地方，有时候大雪封山、道路堵塞，但为了让工坊能够正常运转，他们也克服种种困难，及时把牦牛绒收交到工坊。

工坊管理也非常有序，分工明确，每一道工序要求都非常严格，这一点给我留下了深刻的印象。

那时我才了解到，一件牦牛绒纺织品的完成，需要10个藏族工人花费至少两周的时间，要经过捻线、穿经线、纺织、修剪、染色等多道工序，每道环节都不能出错，尤其是在穿经线的时候，4000根经线只能用人手一根一根地穿上去，但凡有一根错位，就会影响到织物整体的粗细均匀和手感。

为了保证每一件手工纺织品的品质，德清严格限制产能和规模，制定了严格的检验标准。为了和国际高端市场接轨，她还聘请了国外有名的时尚设计师，专门负责设计纺织品的样式和配色。难怪德清总是对我说，诺乐做出来的每一件手工艺品都是有灵魂的。

我非常感动，这么好的产品，背后又有这么深厚的情怀，香格里拉也非常需要这样的多元文化产业，所以我们达成了合作协议，在香格里拉开设一家诺乐产品店。

这家店就坐落在独克宗古城的金龙街，阿若康巴·南索达庄园附近。我们和德清团队一起合作，对三层楼的店面重新进行了设计和装修，最终顺利开业。

诺乐，来自青藏高原珍贵的手工牦牛绒织品，又何尝不是我们藏族人的珍宝？我们希望更好地推广它，让它能够真正走向世界，得到更广泛的认可。我们也希望通过诺乐这个品牌，能够帮

诺乐牦牛绒手工产品

助到更多的人,让更多的牧民因此而受益,也能让我们民族特色的传统手工艺得以发扬光大,传承下去。

我更希望通过这些传统手工艺产品的运营,能够摸索出一条新的道路,和我创立的文化保护协会相互结合起来,以一种全新的方式赋予我们的传统文化,我们的传统工艺以新的内涵和命运。

从唐卡中心到阿若康巴手工布偶,再到诺乐,传承民族文化,造福一方百姓,我的初心始终未曾改变,也从未失去自己的情怀。

我经常在经堂里祈祷,不管我自己过得如何,穷也好,富也罢,都要力所能及地去帮助他人。只要初心一直在,就不会迷失方向。

直到今天我都坚守着自己当初的承诺,给予贫困的村民和考上大学的贫困学生提供资助。

　　这些接受过我帮助的村民都会把小孩送去学校读书,让他们掌握更多的知识和技能。如今我们村子里的儿童大都受到良好的教育,他们终有一天会长成参天大树,成为我们香格里拉乃至整个社会的栋梁之材。

　　自始至终,我报答社会、回馈社会的初心没有改变过,因为我所取得的成绩都是社会给予的。我成为一名敬达的梦想从来没有停止过,我一直前行在实现梦想的路上。我的好朋友陈俊明曾经说我是公益和教育相结合所培养出来的一个典型。

　　旅游文化的推广、社区的建设和发展、唐卡的教育与传承、手工艺品的技艺培训、当代艺术展示、图书馆建设等等,每一个能够造福百姓的项目我都不遗余力,尽管有一些项目以失败告终,但我并没有因此而停下脚步,没有改变自己的方向。

　　但我觉得自己做得还远远不够,依旧只是一个马锅头,依旧行走在前进的路上。我要做真正的敬达,释放出更多的能量,这是我最大的梦想、最高的人生使命。

24 来吧，朋友

"扎巴，够了够了，你已经做得很好了，不要太拼了，人要懂得满足，知足才能常乐。"无论是我的家人、亲戚还是我的上师，经常会这么对我说。

如果说2003年是我事业的开端，那么2007年就是我事业的一大转折点，从这一年开始，我相继参与了一些项目和投资，也在独克宗古城有了简单的产业布局。

通过这些项目运作，我不但开拓了思维和眼界，也得到了很好的锻炼和提升，这些都是我人生中不可多得的财富。

到了2010年，很多项目和投资都已经成功落地，我在独克宗古城投资的产业，如阿若康巴藏餐厅、爱马河酒吧、印度私厨、足生堂等也获得了很好的回报，正是有了这些产业的支撑，我公益事业的脚步才没有停下来。

　　投资带来的回报改善了我的家人及亲人的生活，也让我有余力帮助到更多的人，更多地回馈社会，我成为敬达的梦想从未放弃过。

　　在我看来，慈善不可以用量化来衡量。只要你用了心，初心和出发点是好的，并且真正帮到了别人，为社会作出了力所能及的贡献，这就是最好的慈善。

　　在很多人看来我已经很成功了，无论是事业上还是社会公益方面都已经做得非常好了。他们觉得我应该停下来好好休息一下，尤其是我身边亲近的人，觉得我这几年非常辛苦。

　　可是更多的时候我脑海里的另一个声音，却一直在催促我继续前行。那个声音告诉我，我不过是爬上了一座更高的山峰而已，那不过是一个新的起点，新的旅程才刚刚开始。你爬也罢不爬也罢，高山就在那里。

　　那个声音告诉我，我不过是在人生的路上不停地走着而已，你走也罢不走也罢，人生就在那里。

　　那个声音还告诉我，一个人只有不断地付出，才能取得不断的进步，只有坚持走下去，才能迎来更大的突破和转变。

　　安于现状？继续前行？我纠结了很久，也矛盾了很久，直到有一天古城里的南索达庄园的房东找到我，我终于不再纠结，毅然决然地再次踏上了新的旅程。

　　南索达庄园是我们当地有名的土司南索达的老宅子，有着特殊的文化和历史价值。它的地理位置很好，位于藏式建筑最密集的金龙街，大佛寺就在旁边。

在此之前，一个北京人租下南索达庄园的几间木式建筑，开了一家客栈。但在2009年的冬天，客栈老板烤火时意外地引发了火灾，幸亏周围的老百姓都出来救火，大家合力之下扑灭了大火，这才没有让灾情波及周边的建筑，但客栈却已经被烧得面目全非、满地狼藉。

出了这么大的事，客栈老板就不再继续经营客栈了。南索达庄园的房东就是在这个时候找到我，希望我能接手。

我当时有些心动，但还是拒绝了，因为南索达本来就比较陈旧，遭受火灾以后更是破败不堪，仅房屋修缮就需要投入一大笔资金，这笔钱对我而言也是很大的负担，而且非常冒险。

其实在那个时候，我已经产生了开一家客栈的想法。

当年我的父亲跟随着马帮行走在茶马古道上，每当他们筋疲力尽的时候，就会在大山深处的"尼仓"里获得休整的机会，并且获得尼仓主热情的招待和无私的帮助。

父亲每次向我提起马帮故事的时候，总会说起那一座座的尼仓，并且一再表达他的感恩之心。在我儿时的记忆里，尼仓就意味着感恩。

虽然马帮已经不存在了，茶马古道也已沉寂在大山深处，但我兴建"尼仓"的念头却始终不曾消退，反而随着岁月的流逝愈发地强烈。

我经常想象着当我的客栈建立起来后，那些疲惫的旅人们走进我的客栈里，我会热情地对他们说：来吧，朋友。他们可以喝上一杯滚烫的酥油茶，抑或一杯清冽的青稞酒。他们也可以放声高歌，在篝火旁跳起锅庄，或者大家一起围坐在火塘边，在跳动的火焰中分享各自的人生经历。

在度过一个美好的夜晚后，第二天他们洗去一身的风尘，卸掉一身的疲惫，精神昂扬地离开客栈，继续各自的旅程。

而我这个"尼仓主"会用力地挥舞着手臂，向着他们的背影一次次地大喊："扎西德勒！"每当我沉浸在自己关于"尼仓"的想象中，就会激动莫名、无法自拔。

当南索达的房东找到我的时候，我认真考虑过，但实在是有心无力。虽然我有开设客栈、建立尼仓的梦想，但我毕竟没有做过民宿，在我没有掌握足够多的信息之前，不敢贸然行动。

有一天我在古城散步的时候，房东再次找到我，再次对我说："扎巴，你把南索达的那片地接手了吧，继续做下去吧。"

我只得如实地告诉他，我的资金确实很有限，真的没有能力接手。

房东继续对我说："扎巴，只要你愿意做，我一分钱的租金都不要，免费租给你20年。"

我当时非常惊讶也非常感动。因为那时候香格里拉的旅游业非常火，来古城的国内外游客络绎不绝，以南索达庄园所在的优越地理位置，虽然遭受了火灾也无须为找不到投资者而担心。

房东大概是出于对我信任，所以才给了我如此优厚的条件，一个让我无法拒绝的条件。我建立"尼仓"的情结再一次被点燃，我明确地回复了他，如果我要做的话，投资绝对不会低于300万。

我要建造的客栈汉文名字也早就考虑过了，还是沿用我的藏餐厅的名字，就叫"阿若康巴"。而我给客栈所起的英文名字含义又不太一样，"Almost Heaven"，这更符合国外游客对香格里拉

演员于荣光和扎巴格丹

宝莱坞演员 Shatrughan Singha 与扎巴格丹

的印象,是《消失的地平线》中所描述的人间天堂,神的最后一块自留地。

我找来一位瑞士朋友作为合伙人,他是一家公益组织负责扶贫项目的负责人,我们两个人的实力还是不够,我就专门去大理拜访了喜林苑客栈的老板,来自美国的林登先生,但是林登先生看了我们演示的PPT项目计划书后,表示不太感兴趣。

与此同时,我们先后找了上海、新加坡的两位设计师为阿若康巴客栈设计方案。后者是我的朋友,新加坡的设计师凯伦,也是后来帐篷酒店的合伙人之一,给了我一个很好的阿若康巴客栈设计方案,这个设计方案很有特点,有点热带的感觉,客栈的每个房间都有阳台,很宽敞,但和我的想法还有一些不太符合。

我希望建造出来的阿若康巴客栈能够体现出我们藏族人的风格，能够展现出茶马古道的文化，能给客人们带来"尼仓"的真实体验和感受，能够营造一种茶马古道的氛围。我建造客栈的情怀也在于此，倘若偏离了这个主题，那我建造的客栈无异于失去了灵魂，一个失去灵魂的客栈又怎能打动我，让我真正去用心经营呢？

这个时候我的瑞士合伙人退出了，为了筹集客栈的资金，我把市区的房子卖掉了，虽然那时候我有一些资本，但流动资金并不多，还是要精打细算。最后我想了想，干脆还是自己来设计吧，这样还省了一笔设计费。

我就让唐卡中心的唐卡老师按照以前的南索达庄园的样式和风格，制作了一个木头模型，打算按照模型先把架子搭起来。虽然这和我想象中的尼仓还有不小的差距，但起码不会偏离我的设想，它虽然简单了一点，但一样是有灵魂的。

我之前储备了一批木头，风吹雨淋地闲置了一年多，但都是不错的木头，我就找人把木头全部拉到南索达的工地上，又请来木匠进行加工。就这样，我的阿若康巴客栈拉开了建设的序幕。

那段时间我只要在古城里，一有空闲就去看客栈建设的进度，同时和木匠们商量怎么做才能更好一些。

有一次在古城里，我和尼泊尔首富的儿子拉胡·乔达里等人开完会，就去了南索达工地查看客栈的进度。没想到他们看到我进了南索达的院子，七八个人也好奇地跟了过来。

当他们看到满地堆积的木材，还有四处忙碌的木匠时，就好奇地问:"扎巴,你在这里干什么?"

我难为情地告诉他们在建设小客栈,乔达里先生他们个个都是巨富,运作的也都是动辄上亿规模的大项目,我的小客栈对他们来说根本不值一提。正是出于这样的考虑,我一直没跟他们提起这个小客栈。

看到大家都很好奇,我就把情况说明了一下,并简单介绍了一下这座老宅子的背景。乔达里他们很快就发现了这块地的与众不同之处,所有人都开始兴奋起来,他们也想投资参与进来。

乔达里高兴地对我说:"扎巴,你太不够意思了,这么好的项目怎么不早一点告诉我们呢?"

我当时感到非常意外,就笑着对他们说:"来吧,朋友。你们现在知道也不晚。"

25 阿若康巴

那天就在南索达庄园的工地上，乔达里先生当即确定要参与投资我的阿若康巴民宿，这让我惊喜万分。

人生就是如此的奇妙。至今我想起阿若康巴的前世今生，依然感到有些不可思议。

阿若康巴和南索达庄园的结缘，是意外也是定数；我和尼泊尔首富乔达里先生的合作，同样是意外也是定数。

用一句现在流行的话来说，一切都是最好的安排。

我很早就认识乔达里先生，去过他名下的大多数酒店和运营中的项目。他在我的事业上给予了极大的鼓励，我从他的身上学到了很多东西。通过他我认识了不少商界的精英大佬，还有尼泊尔一些大家族的成员，还受到过尼泊尔总理的接见。

比诺德·乔达里和扎巴格丹

比诺德·乔达里（Binod Chaudhary）为乔达里集团董事长，旗下拥有近 80 家企业和公司。他还和印度泰姬酒店集团展开广泛的合作，在斯里兰卡、马尔代夫、泰国、印度以及尼泊尔都拥有自己的酒店，他是尼泊尔的第一位亿万富翁，也是第一个登上福布斯富豪榜的尼泊尔名人。

我激动不已，但当时的第一念头是赶紧把那个木头模型藏起来，木头模型肯定入不了乔达里先生的法眼。他肯定不会满足于建造一个小小的客栈，如果他们的资金注入进来，民宿的规格自然要提升，也必须交给专业人士进行设计规划。

具体的投资协议一天没有签订下来，我就不敢有丝毫的放

扎巴格丹与比诺德·乔达里一家

松。为了运营好这个项目，也为了我的尼仓梦，我很幸运那段时间在朋友的鼓励下去了菲律宾，接受为期几个月的项目建设与管理培训。

课程主要内容就是与项目建设相关的一些理念和思路，而这些也是我最需要的。我们的老师是一位很严格也很严谨的教授，水平很高教得也非常好，每次讲完课程后，他都会帮助我们回顾前一天课程的内容。

上课的时候我们会分组，每个组都要拿出一个具体的项目进行讨论和分析，诸如企业盈亏、项目的可持续发展、间接和直接的社会效益等，很具实用性。

后来我就提出了阿若康巴这个项目，我们七八个人一组一起

阿若康巴·南索达庄园大门

开始研究,从怎么制订营销计划、直接和间接的社会效益、项目管理、如何控制成本等多个方面进行了系统的分析与研究。

  我今天回想起来都挺佩服自己的,因为班里的同学都是大学生和研究生,而且都有丰富的工作经历,英语水平很高,而我的英文能力有限。但我无论如何都要站起来说服老师、说服同学,力争把我的项目作为分组讨论的内容,大家一起进行分析研究。

  那时我面对这样的挑战,常常会想起李小龙的一些哲学理念"以无法为有法,以无限为有限",任何事物都有有限和无限的一面,需要大家掌握,在有限的空间或者时间内,创造出无限的东西。

  我从小就很喜欢李小龙,长大后看到他在工作中的付出和努力,特别是无私奉献的哲学思想让我更加敬佩,他所讲的突破传

统与形式,不迷信权威,将思想从既定的条条框框中解放出来,让它自由地流动,认识自我,追求自我,张扬个性,认真刻苦地锻炼和完善自我,真实地表达自我,在奋斗中实现自我,实现生命的价值和意义,对我都有很大的启发。

　　学无止境的道理就在于此,虽然我有很多做项目的经验,但缺少理论上的支撑,知其然而不知其所以然。后来,随着我们的研究越来越深入,我的思路也就愈发清晰起来。

　　经过一番梳理后,我根据这次课程的分析研究做了一份详细的项目计划书,回国后就发给了乔达里先生。

　　他看到我的计划书后非常满意,也非常看好阿若康巴民宿项目,当即决定展开实质性的合作谈判。谈判的过程也非常顺利,不久双方达成一系列的共识,正式签订了合作协议。

庄园长廊

套房

最后阿若康巴·南索达庄园的总投资达到了1000万，后来我还专门给了房东一笔房租。

签订协议后工地也停工了，我们开始四处联系专业的设计师。这时我的朋友给我介绍了一个项目公司，由该公司负责具体工作，负责人找到了设计师李众，由他来负责我们阿若康巴的设计。

李众是昆明人，也是一位很出色的设计师，擅长将建筑风格与当地的文化特色结合起来，建筑材料的选择上也非常本土化，他设计的民宿和建筑曾多次在国内外获得大奖。

我专程去看过他设计的位于泸沽湖的半岛阳光客栈，虽然这个客栈规模不大，但却非常雅致，而且处处体现出当地摩梭人的民族风情。

在李众做的阿若康巴的设计方案中，同样保留了我们香格里拉当地的藏式建筑特色，增大了公共区域，减少了房间数量，看到他的方案以后我非常满意，比我想象中的还要好。

方案通过以后，阿若康巴的建造也由此拉开了序幕。阿若康巴每一个局部的建造完成，都让我感到由衷的喜悦，我的"尼仓"梦在一步一步地实现，现实和梦想之间的距离越来越近了。

2012年，总投资1000万的阿若康巴·南索达庄园精品民宿正式建成。这天下午，我和李众一起去参观新建成的南索达庄园。

尽管在南索达庄园建造的过程中，我曾无数次地进去过，但每次都有不同的感受，而且会有新的惊喜。

整座南索达庄园保留了传统藏式建筑的特色，外观立面是由夯土砌成，推开酒店的大门，迎面就是一条长长的藏式长廊，左右两边每隔几米就有一根粗大的原木柱子，一直延伸到尽头。

李众笑着对我说:"尺度够大吧?"

我点点头,长廊空间的尺度大,原木柱子的尺度更大,空间感非常强烈,其实在我们香格里拉藏式的民居中,都喜欢采用很粗壮的原木柱子,有的柱子直径能达到一米。

李众的设计灵感来自松赞林寺。有一次他在松赞林寺无意中看到一座大殿在翻新,其中的柱子尺度很夸张,每隔三四米就矗立着一根,秩序感非常强,非常震撼。

长廊的两侧设立了壁炉和茶座,藏式的装饰品和手工艺品随处可见,长廊尽头的墙面上悬挂着一幅《释迦牟尼轮回图》,当阳光从天窗照射在轮回图上,整个空间呈现出强烈的明暗对比,营造出一种悠远而又神秘的仪式感。

穿过长廊就是一个开阔的庭院,四栋木楼渐次分布,高低错落有致,彼此相互衬托,犹如起

大厅暖炉

伏跳动的琴键,充满了韵律感和节奏感。德国大文豪歌德曾经说"建筑就是凝固的音乐",我对此无比认同。

四栋木楼上分布着酒吧、茶室、餐厅、篝火露台等,客房却并不多,只有18间,每一间客房都经过精心设计,充满了民族特色。

从楼顶的平台或者客房的阳台向外看去，一栋栋高低错落有致的藏式建筑在视线中延展开来，犹如一组浑厚的民族交响乐。神圣雄伟的大佛寺近在眼前，大殿的天顶反射出万道金光，世界上最大的转经筒缓慢地旋转着，转动三周，就等于为我们加持372亿遍的六字真言。

2012年冬天，阿若康巴·南索达庄园正式开业，我的尼仓梦终于实现了。阿若康巴就像我的孩子，从孕育到降临世间，从一片杂乱的工地到今日的卓然自立，器宇轩昂，我见证了它成长的整个过程。

我想当然地以为，以我们阿若康巴·南索达庄园这么优越的地理位置，极具民族特色的建筑，这么精美的装修，这么舒适的环境，可以说是整个独克宗古城最好的一家民宿酒店，肯定会吸引国内外的大量游客，生意肯定会很好。

然而现实却给了我当头一棒，开业之初的南索达庄园生意冷清，几个月过去了也没有太大的起色。我心里开始有些发慌，民宿这么大的投资，不说投资回报率了，每一天的运营成本都不低，没有客人入住怎么能行呢？

尽管那时候我手里的资金很紧张，也缺乏流动资金，但为了民宿的生意，我还是买了一辆车。

我的一位朋友在大理古城开了一家民宿，我决定去参观一下，顺道去重庆看望女儿次拉姆。大概是次拉姆给我带来了好运，我随后和携程网取得了联系，加大在线上和线下的宣传推广，很快阿若康巴民宿就收到了来自全国各地的订单。

有了第一批客人,再加上客人们的口碑相传,民宿的生意迅速好转起来,甚至超出了我们的预期。旅游旺季的时候我们的房间早早地就被预订一空,一房难求,即便到了淡季,阿若康巴·南索达庄园的入住率也超过了80%。

印象最深刻的是香港明星刘德华一行人的到来,他们预订了南索达庄园40%的房间,只是最好的几间套房早在一个月前就订满了。

我和刘天王用带着各自特色的普通话聊了好半天,有些生涩但并不尴尬。刘天王非常随和,并没有因为未能住上套房而发脾气耍大牌,反而对我们庄园的独特风格非常欣赏,对我向父辈致敬的尼仓情怀很欣赏。我当时非常高兴,不仅仅因为他是大名鼎鼎的刘天王,也是因为他作为一个客人对我们的认可,而客人的认可就是对我这个"尼仓主"最大的褒奖。

演员刘德华和扎巴格丹

前台

　　后来我们南索达庄园接待了很多国家的政要名流，如泰国前总理英拉、以色列前总理巴拉克、好莱坞明星约瑟夫，文化界名人于丹，以及百度的创始人李彦宏，等等，他们都给予阿若康巴很高的评价，这极大地增强了我和员工们的信心。

　　生意不好的时候发愁，生意好了以后也发愁，因为我变得更忙碌了，每天忙得不可开交。随着大量客人的入住，我们在管理上的一些不足之处也开始暴露出来。

　　为了加强管理，我们请了一位瑞士的朋友专门管理庄园，这位朋友的爱人在泰国那边开餐厅，但因为古城里没有他们喜爱的圈子和感兴趣的娱乐活动，所以他们难免有些孤单无聊，干了三个月后他们实在待不下去就走了。虽然他们走了，但他们制定的优越的员工待遇和福利我还是保留了下来，坚持到了今天。

我们又请了一个泰国职业的管理团队 Zinc Journey，他们在斯里兰卡有两座庄园。他们每次来到阿若康巴只是待上几天就走，这让我非常不满意。

后来我们又换了一个印度管理公司，但因为他们不熟悉我们当地的市场、文化和民风民俗，也没有达到想要的效果。

作为一家大有前景的高端民宿，而且正处于关键的起步阶段，频繁的更替管理人员并不是一件好事，后来我的合作伙伴们经过商议以后对我说："扎巴，你来负责管理吧。你把我们的投资部分每年给出一定的回报即可。"

我"细细思量了三四一十二，给自己出了二十五个主意"之后，点点头答应了下来。

我曾经不止一次地在想，如果那一天我没有去南索达的工地，如果那一天我和乔达里先生他们擦肩而过，那么还会有今天的阿若康巴吗？我的答案是：会的。

对人生际遇的把握，在于我们是否能够坚守内心的信念，我们要成为什么样的人，我们期待什么样的世界，我们想要改变什么，这一切都取决于我们的内心。

当我定下目标，当我决定遵从自己的内心去追逐梦想，那么无论遇上什么样的困难，无论遭遇多大的挫折，我都应该坚定地走下去。

只要心里有光，我脚下的路也将被照亮，当我走出黑暗，当我冲出迷雾，我会看到更多的光明，遇上更美的风景，只要忠实于我们的内心，一切都将会是最好的安排。

26 我的"尼仓梦"

我相信才智平平的人，如果有乐观、积极与合作的处世态度，将会比一个才智杰出却悲观、消极也不合作的人，赚得更多的金钱，赢得更多的尊敬，并获致更大的成功。一个人不论他面对的是烦琐的小事、艰巨的任务还是重要的计划，只要他执着热忱地去完成，成果会远胜于聪颖而懒散的人。因为，专注与执着占了一个人百分之九十五的能力。

这段话来自美国成功的创业者约翰·洛克菲勒写给儿子的38封信件中的一封，也代表了我组建阿若康巴管理团队的观点。

阿若康巴频繁地更换管理团队，我看着他们来了，又看着他们走了，非常遗憾。他们并非不专业，学识和经验也并非不丰富,他们最大的问题是水土不服。

如果说康巴商道旅行社的建立,是源于我的"马帮"情结,那么阿若康巴庄园的诞生,源于我的"尼仓"情结,源于我对茶马古道文化的热爱,源于我对父辈们的致敬,可以说从它诞生的那一刻起就打上了我生命的烙印。

也许对我的合作伙伴来说阿若康巴仅仅只是一门生意,而且还不是那么大的生意,但对我而言却有着更多的意义,我希望我的团队能够理解我的初衷,能够协助我让我的理念得以实行。

如果说阿若康巴·南索达庄园的建筑是硬件,那么它所承载的文化和理念就是软件,只有软件和

丽江阿若康巴·庆云庄园

硬件相互匹配，才能真正地激发出阿若康巴的活力，让它绽放出应有的魅力。

我要找的是一群志同道合的人，是专注于阿若康巴事业，理解阿若康巴，并且执着于贯彻阿若康巴理念的人。我知道这不是一件简单的事，但正因为它不简单所以我才要找。

也许他们缺乏专业的学识，也缺乏管理上的经验，但只要他们努力，热忱，积极乐观，我相信他们一样能够做得很好。

我的管理层也好，员工也好，我总是告诉他们不要害怕不会，最怕的是不学习，哪一个人也不是生来什么都会的，都要有一个从不会到会的过程，所以必须学习。

我经常和他们分享茶马古道的故事，告诉他们我一直都在追寻着父亲的梦想，追着追着就成了我的梦想。我希望阿若康巴也能变成他们的梦想，或者说，他们在这里能找到属于自己的真正的梦想，把这里当成自己的家，自己的学院，通过这个家和学院的环境让自己成长起来。

我们阿若康巴·南索达庄园的陈经理，刚刚来庄园的时候是行李员，工作非常努力，才华慢慢展现出来，之后他加入工程部，做过前台，后来成为副总，现在已成为总经理。

还有央宗，曾经在我的唐卡中心学习过，我专门派她去青海学过唐卡，虽然她结婚后有了孩子，不再从事唐卡行业，但她在财务上同样很有天赋，通过努力自学，很快就胜任了自己的工作。现在她已经是我们阿若康巴的副总。央宗多才多艺，唱歌跳舞都很擅长，她的一首歌或一支舞，就能把我们阿若康巴的热情好客直观地展现给客人。

还有我的外孙安杰，也非常聪明，很早我就把他送到国外学习了13年，回国后他在阿若康巴负责整个网络的运营，线上的推广和营销，是个非常优秀的人才。

包括后来我们丽江店的和志英，人非常老实本分，性格也很直爽，他在泰国进修过酒店管理专业，从前台、出纳开始做起，现在是我们丽江店的店长。

阿若康巴还有很多这样的人才，他们或勤奋好学，或热爱传统文化，都在努力地为阿若康巴庄园贡献着自己的力量，实现着个人的价值。

父亲生前经常教给我一些为人处世的道理，很多都转化成了我的精神财富，但有一些话是我不能认同或是不能理解的。

比如父亲告诉我，人生最大的幸福莫过于没有负债，以前我很不以为然，但当我处在一个"负翁"的位置上时，我才真正体会到这句话的沉重。

父亲生前还经常对我说，不要轻易地相信别人，这句话大概是我唯一不接受的。我不一样，我更容易相信别人，心里有什么立刻想与别人分享。

敬畏祖先
敬畏自然
感恩慈悲

这就是我们阿若康巴的价值观。

在全体成员的共同努力下，阿若康巴·南索达庄园的经营状

前台

房间

温室房

况越来越好,团队的配合也越来越默契,但我并没有因此而松懈下来,而是踌躇满志地开始筹划第二家阿若康巴。

我最大的梦想就是在茶马古道的沿途上,修建起一个一个的"尼仓",一个一个的阿若康巴,这既是我的梦想,也承载着父亲的梦想。

在我的计划里,每隔三年到五年就建立起一家新的阿若康巴,但有一点却是我始终要坚持的,不管阿若康巴建立在什么地方,都应该融入当地的文化和建筑风格,也尽可能地采用当地的建筑材料。

民宿和酒店不一样,酒店可以采用标准化的模式,标准化的装修,系统化的管理,10家也好20家也好,都是标准模式的复制,几乎没有多大的区别。

但民宿却是需要情怀的,对当地人文环境的情怀,对文化的情怀,情怀是民宿的灵魂,赋予民宿不同的特色，不同的文化，不同的气质，同时承载着父辈们的信仰和精神。

建设民宿的民宿主以及它的设计师、建筑师还有艺术顾问都带着一些情怀，他们都有各自的故事。

民宿的规模可能未必很大，但它背后的故事却很开阔，它所拥有的内涵很丰富，这种内涵还会不断地丰富下去。

当然我也非常理性，并不是盲目地追求发展，我要对我的合作伙伴负责。所以我只有确定了项目的发展前景，看好项目会带来的回报，才会一步一步地量力而行，寻求与他们的合作。

一个人如果想走得快，就一个人走；如果想走得远，就一起走。

我把目光投向了丽江，打算在那里建造第二家阿若康巴。

丽江拥有世界文化遗产的丽江古城，也是茶马古道上重要的枢纽之一，父亲当年行走马帮的时候经常会在丽江停留。丽江的旅游业也非常发达，虽然民宿的行业竞争激烈，但市场容量也很大，非常有前景。

我多次前往丽江考察了很多地方，有些地点虽然很不错，但我却始终没有找到真正的感觉。我爱人的亲戚告诉我，他有一个院子租给了一位80岁的美国老奶奶，院子的租期快要到了，而且老人也想离开中国，问我要不要过去看看。

这位美国老奶奶是一位植物学家，在丽江待了很多年，非常注重环保，她平常吃的菜都是自己种的，喝的水也要经过净化，当然这并非我们传统意义上的养生，而是老奶奶喜欢这样的生活方式。

老奶奶非常希望接手这个院子的人是个有情怀的人，也是一个爱护环境的人，更要懂得保护院子里的那些树木。

我当时听了以后感到很惊奇，就跟着他专程去拜访老奶奶。院子在丽江束河古镇的庆云村，紧挨着聚宝山，距离古镇也非常近，环境清新而幽静。我们走在田边的小路上，田地里的蔬菜长势很好，触目所及都是一大片一大片清新的绿色，沿途的树林里生长着很多古树，让我不禁想起我家后院的那片海棠树林，我的心立刻就安静了下来。

等我们走进院子就看到更多的树木，桂花树、核桃树、苹果树，树木的品种非常丰富，而且非常有层次感，当时我的感觉就更好了。

我和老奶奶一见面彼此都感觉非常亲切，她说她不想让别人把院子搞得一塌糊涂，那些树木应该保存下来，她很担心接手这个院子的人会为了追求更大的建筑面积而把那些树木砍掉。

我很认真地告诉她，如果我接手了以后肯定不会砍掉那些树更不会因为改造而破坏了院子的格局。为了打消她的疑虑，我专门邀请她去了香格里拉参观我的家、阿若康巴·南索达庄园，还有我名下的酒吧、餐厅、唐卡中心以及我做的乡村生态旅游项目。

我在2003年创建的康巴商道探险旅行社一直都在经营，只是我的两个合作人，一个经常出国，一个常年待在甘孜州的理塘，所以我将他们手里的股份连带着藏餐厅都买断了。

老奶奶看到我做到的一切以后，很放心地让我接手了院子。这个院子就是后来的阿若康巴·庆云庄园，庆云庄园的设计我依然找来了设计师李众。

餐厅

因为上一次合作很愉快,我和李众成了很好的朋友,经常在一起聊天,后来他也参与了我的一些投资项目。

李众的爱人是室内装修的设计师,他们拥有自己的公司,平时都很忙,但因为是我的项目,他们就抽出时间来做,在价格上也给了我很大的优惠。

很幸运也很感恩,感谢他们一心一意地支持我,把庄园的设计交给他们,我非常放心。

事实证明李众不负重托,他设计的阿若康巴·庆云庄园的方案再次给我带来了惊喜。

庆云庄园的设计采用了丽江本土化的风格,将纳西风情、藏族文化和茶马古道文化完美地融合在一起。庄园的大结构采用了纳西传统的穿斗式立人架,建造外墙的现代材料中掺入了稻草和谷壳，还有三坊一照壁、瓦猫等纳西特色的元素，美国老奶奶专门嘱咐我保留下来的树木，在李众的设计方案里也顾及到了。

我对这份方案非常满意，把它发给了我的主要合伙人乔达里先生，不出所料，乔达里先生也认可了方案，同样给予了好评。

然而就在我筹备着庆云庄园动工的时候，怎么也没有想到，一场巨大的灾难突然降临独克宗古城。这场灾难造成的破坏与带来的影响都超出了我的想象。

2014年1月11日凌晨1点多钟，正在香格里拉家中熟睡的我突然被急促的电话铃声吵醒了。

"扎巴，古城着火了，火势很大！"电话里传来丁真焦急的吼声。我顿时打了个激灵猛地清醒了过来。

我的脑海中一下子浮现出五年前的那场火灾，还有那场火灾后南索达老宅子的惨状。

我赶紧从床上爬起来，开车出了村子直奔独克宗古城。

佛祖保佑，菩萨保佑，一定不能出事，千万不能出事。

27 古城之殇

等我从村子里赶到古城的时候，火势还没有蔓延开，只有七八栋房子着了火，火光照亮了整个古城上空。

丁真的地毯铺子位于北门街，距离四方街不远，我们很多人赶到以后赶紧帮着他把店铺里的商品搬出去，我还不停安慰他不要担心，我们这里距离燃烧的地方还有一段距离，说不定火势很快就扑灭了呢。

然而让我没想到的是，我们把丁真店铺里的东西搬完十来分钟，在风势的助长下翻卷的火焰呼啸而来，转眼就把仓房街连带着丁真的店铺一并吞噬了。

我目瞪口呆，痛惜又无助地看着有着300多年历史的阿布老爷的大藏房，湮灭在火海中。

古城百鸡寺（拉卡尔寺）

火势蔓延得如此迅猛，超出了我们所有人的预料，我清醒过来后赶紧向着金龙街方向跑去。

金龙街距离火场还有一段距离，而我的阿若康巴·南索达庄园、我的唐卡中心、酒吧、餐厅都在金龙街附近，如果火势一旦蔓延开来，不但我的产业会遭受重大损失，庄园里的客人也会被波及。

等我和几个朋友赶到庄园的时候，所有的客人都已经从房间里出来了，每个人都表现得非常不安。他们见到我就纷纷围上来，要求我尽快把他们安排到最安全的地方，还必须是最好的酒店。

客人们的情绪非常激动也非常紧张。我对他们说："大家请不要担心，我先把你们送到最安全的地方，然后尽快为你们安排最好的酒店。"安抚住客人的情绪后,我让员工把客人们暂时送到我村子里的家中。

我把壁炉烧好,把茶沏好端给客人们,然后告诉他们:"我的家里非常安全,请你们耐心等待一下,马上就去为你们安排酒店,然后派专车来接你们。"

我再次开车前往古城,一路上都在打电话为客人们联系酒店,客人们没过几分钟就催我赶快找到好的酒店。后来经过多方联系,我才在新城找到一家开业不久的商务酒店,总算把客人安置好了。

等我再次赶到古城的时候,冲天的火光已经照亮了整个夜空,火势迅速地蔓延着,就像是一只冷血的怪兽无情地吞噬着沿途上的一座一座建筑,而这只怪兽在风势的助长下,已经向着皮匠坡和金龙街的方向扑了过来。

我站在藏餐厅门口,看着大火不可遏制地蔓延而来,想到自己在金龙街几十年的心血都将毁于一旦,吓得脸色苍白。

政府的工作人员和消防人员已经赶到了,他们正指挥着推土机将一些房子推倒,以形成阻挡火势的隔离带。

工作人员气喘吁吁地跑过来对我说:"扎巴,能不能把你的餐厅推掉,只有这样才能开辟出一条隔离带,把火势阻挡在外面,否则整条金龙街都有危险!"

我急忙点点头,又赶紧让开道路,眼睁睁地看着我的藏餐厅在推土机的轰鸣声中化为一片废墟。上好的家具没了,精美的装饰也没了,什么都没了。

就在我心疼不已的时候,猛然想到什么,赶紧向着阿若康巴庄园飞奔而去,我和几位合伙人在庄园上投入了1000多万,要是庄园也被推土机给推了,我真的会倾家荡产。

等我赶到庄园的时候,员工们正匆匆忙忙地搬运客房里的电视机,此时正是香格里拉冬季里最冷的时候,古城又停了电,我的员工们却依旧在紧张而又辛苦地忙碌着。

我告诉他们电视机不要搬了,要是连房子都保不住,要电视机又有什么用,财务室和办公室里的那些资料很重要,我让他们把资料送到我家里去。

把庄园的事情安排好以后,我上了庄园的露台,看着火势向着大佛寺的方向蔓延而来,仿佛已经近在眼前。

大火经过的地方已经沦为一片片废墟,青烟弥漫,不时会有巨大的火星连串地从废墟中钻出来,飘向天空。

火海中沦陷的独克宗古城,犹如在战火中沦陷的城池。而那些正在被大火笼罩的店铺、民居,就像是一个个手无寸铁的巨人战士,最后悲壮地倒下。

液化气罐爆炸的响声此起彼伏,一团团烟火翻卷而起,崩飞的碎裂物击打在残垣断壁上,发出各种奇怪的声音。

这是一场一边倒的战争,在迅猛而至的火灾面前,我们被打了个措手不及,毫无还手之力。

茶马古道上的重镇,存在了1300多年的古城,中国保存最完好的最大的藏式民居建筑群,就在我们的眼皮底下失守了。

为什么会这样?

到底发生了什么?

我还能做点什么?

我想保住阿若康巴,也想保住其他还没有沦陷于火场的建筑,但现在我除了祈祷之外什么也做不了。

当时我并不知道的是，古城里的2000多名消防队员正在英勇奋战着，在拼命阻挡火势的蔓延。

他们的阻击见效了，风向似乎也发生了转变，向着大佛寺和阿若康巴庄园扑来的火势被遏制住了。

我不禁松了一口气，但脑袋里的弦依旧紧绷着，离开庄园后我又跑向了火场区域。

万幸，我名下的爱马河酒吧只烧掉了三分之一。

到了早上六七点钟，古城里的火点开始减少，弥漫的烟雾中只能看到一栋栋废墟和竖立着的断壁残垣。

上午11点，该烧的基本上都烧光了，依旧弥漫着烟雾的废墟中，已经能看到晃动的人影。

在这次火灾中，我最看重的唐卡中心和阿若康巴都保住了，爱马河酒吧保住了三分之二，藏餐厅被推土机推成一片废墟。不过后来金龙街上的人都说，就是因为阿若康巴藏餐厅被推倒而拯救了整条金龙街，我的藏餐厅的倒下也是值得的。

我再度爬上了阿若康巴庄园的露台，看着已经沦为一片废墟的独克宗古城，简直不能接受眼前的事实。如果说香格里拉是迪庆州旅游业的一顶王冠，那么独克宗就是这顶王冠上最美丽华贵的明珠。

那些来到香格里拉旅游的人们，都会被古城里古老的藏式建筑所吸引，从古城居民的身上感受到淳朴的民风，从大佛寺的佛音中领略到一种神秘。

可如今它却成了一片废墟，70%的区域被殃及，200多间商

建塘镇

铺被焚毁,大量的文物和艺术品毁于这场火灾。

不幸中的万幸,在这场惨烈的火灾中并没有人员伤亡。

事后官方对这场火灾进行了通报,火灾的起因是仓房街某家客栈取暖器使用不当。而灾情出现后,古城的消防栓因为低温而无法使用,赶来救援的消防车因为道路狭窄无法开进来,再加上古城内的建筑多为土木结构而排列紧密,致使火势迅速蔓延,短时间内无法控制。

损失最惨重的是古城里的那些商户,虽然他们后来都得到了一部分补偿,但店铺毕竟是没了,即使是古城里逃过一劫的那些店铺,也因为日后的萧条而被迫关门。

阿若康巴·南索达庄园的生意也因此受到很大的影响,险些

扎巴格丹在古城阿若康巴餐厅门口

一蹶不振,火灾后的头几个月还好,因为我们的客人大多是国外游客,很早就已经订好了行程。但是几个月后,入住庄园的客人开始逐步减少,生意大不如前,也许是因为古城里的精品酒店越来越多,也许是因为古城给我们的福报不再那么丰厚了。

火灾之后,独克宗古城开始了重建工作。按照"建新如旧、以旧代旧、新中仿古"的原则,逐步恢复古城原来的样子,对于受灾商户的赔偿工作也在进行中。

2011年,我因为工作太忙,就把古城里的餐厅承包给了一位法国人,他的爱人是黑龙江人,两个人都非常精明。他们承包餐厅以后接连两年的生意都很好,所以在第三年也就是2013年的时候,法国人一次性付给我了一笔租金。

但是没想到，古城发生火灾的时候，消防队为了阻止火势的蔓延，就用推土机把我的餐厅给推平了。其实当时我是眼睁睁看着餐厅变成一座废墟的，心里非常难过。除了一台咖啡机和摩托车是法国人的之外，餐厅里其他的东西全都是我的，仅仅装修等方面我就损失了70多万。

火灾以后古城开始了重建，政府给我的餐厅一次性补偿了10万元人民币。我当时给他打电话，问他古城重建后还要不要继续做下去，如果他不做，我就把剩下的房租退给他。

法国人说不用了不用了，政府会帮助我们重建起来的。其实这不是他一个人的想法，很多古城遭受火灾的商户包括我在内都是这样想的，我就把政府给的10万元补偿款给了法国人。

后来我投入了60多万元将餐厅重建起来，依旧采用藏式的

格桑

土墙，力求让它重现原来的风貌。这家店修建好以后又经过复古的装修，与一位北京女孩合作做成了书吧和文化交流平台。

被烧了三分之一的爱马河酒吧，也被我外孙格桑改造成了艺术体验中心和康巴商道旅行社办公室。彼时古城的重建工程已经告一段落，火灾之后的古城获得了重生。曾经的满目疮痍，被一点一滴的崭新面貌所覆盖，石板街，各具特色的藏式建筑客栈，富有民族色彩的手工艺店，充满文艺气息的咖啡馆和酒吧也都向人们昭示着，我们心目中的独克宗古城又回来了！

古城虽然换了新颜，然而那场大火留给我们的记忆却始终未曾消退，那场火灾所造成的影响也是深远的，直到今天都没有完全消除。那场大火也足以给我们所有人带来警示，古城不仅仅是香格里拉的古城，它也是祖国文化的瑰宝，是世界文明的瑰宝，值得我们所有人用心去守护她。

28 母亲的转经筒

2014年,独克宗古城的大火过去不久,我带着母亲前往印度的菩提伽耶朝圣。

自从2002年把母亲从印度接回香格里拉以后,母亲就一直和我们住在一起,由家人细心地照顾着。母亲辛苦了一辈子,又和我远隔千万山水守望了10年,在晚年也该享一享清福了。

2007年,为了了却母亲的一桩心愿,我们还一起前往母亲的故乡——西藏山南地区去寻找她当年失散的女儿。

那是20世纪60年代的事了,中印边境自卫反击战爆发前夕,母亲的家族在当地活佛的带领下迁往印度,同时转移走的还有母亲家族的全部财产。

大迁移的不仅仅是母亲家族的族人,还有村子里的其他人,

扎巴格丹与母亲

一大群人带着财产,赶着牛马,队伍拖得很长,行进的途中不断有人掉队,也有人脱离队伍后不知所踪。

当时母亲的弟弟始终不愿意去远方,一再说不要走了,只可惜他并没有什么话语权,大家没有理会他而是继续忙着赶路。后来他渐渐脱离了队伍,同时一起脱离队伍的,还有他怀里抱着的母亲3岁大的女儿。

母亲一直以为弟弟只是掉队,会慢慢地跟上来,然而弟弟和她的女儿却始终没有出现。

从此以后,女儿的失散就成了母亲的心病,她怀疑当年弟弟并不是和他们失散了,而是带着女儿重新回到了村子里。大概她的弟弟那时候也以为,姐姐没有看到自己的女儿,一定会原路返回去找他们吧。

但猜测仅仅是猜测,母亲滞留在印度多年,没有能力去印证自己的猜测,而山南地区的消息相对闭塞,事情又过去了那么多年，打听起来也非常困难。

我也没有把握能够找回母亲的女儿，所以我和母亲打算找一个星期，如果一个星期还找不到的话就回来。

母亲和我，还有丁真以及布莱恩，我们一行人在贡嘎机场下了飞机，丁真和布莱恩去了拉萨，我和母亲就包了一辆车，准备前往山南地区隆子县的扎果村，那里是母亲的故乡。

我们所包车的司机把我们转给了另一个司机，本来我和母亲心里还有些不高兴，毕竟没有人愿意被转来转去的。但是非常巧的是，新司机师傅的老家就在山南，在车上他听完我和母亲的讲述后才告诉我们，其实不用去隆子县，扎果村还没到隆子县城。

我们听从了司机的建议，一路上非常顺利，在天黑前就抵达了扎果村。大概母亲的家族在当地较有影响，当我们向村子里的老人打听时，他们竟然都知道。正如母亲当初猜测的那样，她的弟弟并非是在去印度的路上和他们失散了，而是带着她的女儿回到了扎果村。母亲的哥哥和弟弟都没有去印度，但现在都已经去世了。16个姊妹中唯一活着的就是母亲。村里人热情地带我们去找妈妈的女儿，就在当天晚上，我们见到了她。

大家都非常惊喜，母亲更因为了却了多年的心愿而显得非常激动，向着天空一拜再拜，感谢菩萨让她们母女重逢。

母亲好不容易才见到女儿，又回到了故乡，一定很想在村子里多住一段时间，所以我就把妈妈留在了那里，每年都会去村子里探望她和姐姐。

山南的姐姐已经成家了，又在村子里开了一家台球馆，我也没有什么需要担心的地方。

然而让我未曾料到的是，2009年冬天，母亲不小心在冰上跌倒了，摔伤了腿，而她自己却一点都不知道。

虽然疼痛难忍，母亲却没有跟任何人说，后来腿伤变得越来越严重，我知道的时候也只是因为她生病了。

我专门安排我的外甥去把母亲接回来，送到医院里检查，但却没有查出任何问题。在一个纳西人的村庄里，我们找到当地的一位神医给她看病，也没有看出什么问题来。

到了昆明以后，我们把母亲送到昆明中医院，这才检查出来的母亲的腿伤，是非常严重的胫股骨骨折。真的难以想象，母亲是如何忍受着这种痛苦一直拖到现在的。

医院里的医生安排好第二天就动手术，我特意给山南的姐姐打电话，希望她能来陪陪母亲。但没有想到的是，妈妈那时候已经不愿和山南的姐姐通话。每次当我看到躺在病床上的母亲，我的眼泪就止不住地流，心里既难过又愧疚，母亲吃了一辈子的苦，为什么到现在还要承受这样的痛苦呢？

我的初衷是为了让母亲感到舒心，所以才让她留在家乡，让她留在女儿的身边，但我没想到事情竟然会变成这个样子。母亲过得并不开心，她却一直都瞒着我，没有跟我抱怨过半个字，但是作为她的儿子，我应该能够察觉到才对。

万幸的是，手术非常成功，母亲断裂的胫股骨换成了金属的，还需住院一段时间。母亲住院的那40天，也正是我最忙碌的一段时间，但是我依然留在医院里，守在母亲身边，一天都没有离开过。

当时知道妈妈需要住院40天时，我认为我的生意肯定会受到影响，因为公司、餐厅，还有很多项目、很多事情都需要我去做。母亲出院后我才发现，陪伴母亲并没有给生意带来任何影响，工作上的各项业务都在有条不紊地进行中。

母亲出院之后，我就把她接回到香格里拉，跟我们一起住在村子里的家中。那里有白塔、院子，她喜欢念经转塔，也不需要去太远的地方，我还专门请了保姆照顾她的起居，母亲的身体也渐渐好了起来。忙碌之余，我尽量抽出时间来陪她。

有一次母亲去了昆明，在外甥家里待了一个星期，可那段时间母亲的身体又出了问题，她的消化不太好，吃了东西以后总会吐出来。我们就带她去医院检查了身体，但也没有查出什么异常。

这次我带着母亲去印度的菩提伽耶朝圣，也是希望母亲的身体能够好起来。到了菩提伽耶，母亲拿着转经筒祭拜每一位神灵，虔诚地为我们所有人祈福，可以看得出来她在朝拜佛祖和菩萨的时候很激动，也有发自内心的喜悦。朝圣结束之后我们便回到了香格里拉。

母亲回来后身体并没有明显好转，依旧是吃什么吐什么，整个人也憔悴了下来，我们又找了好多医生给她看病，给母亲开了各种不同的药。

有一次去昆明的朋友家里吃饭，朋友的父亲是一位医学教授，他可能是看出来了什么，就建议母亲去做一个切片检测。切片的结果很快就出来了，母亲患上了胃癌，并且已经是晚期。

胃癌到了晚期几乎没有治愈的可能，母亲的年龄又大了，根本无法承受化疗带来的痛苦。

我们把母亲送到医院，做了胃切除手术，然后把她接回家里。

回到家的母亲似乎也忘记了癌症这件事，她什么都看开了，看淡了，该做什么就做什么，每天拿着转经筒转经，心情非常平静。

七八个月过去了，有一天母亲的病情突然加重，躺在床上动不了了。我就留在家里，每日寸步不离地照顾母亲的起居，我本来想让印度的姐姐回来与我一起照顾母亲，但是姐姐终未能成行。

母亲卧床久了身上会起湿疹，我就用草果和酥油做了药膏，为她擦拭身体；母亲上厕所不方便，我就抱着她去。两个多月，我每天都会做同样的事情，尽我所能地照顾好母亲。

有一天我陪一批客户出去了半天，等我回到家里的时候才发现家里的亲戚都来了，爱人小陈和女儿次拉姆也在。

我已经预感到了什么。

母亲抓着我的手，对我说了几句话，话我已经听不清楚了。妈妈重复说着"抬起来、抬起来"，我把母亲轻轻地抱上床，她整个人都变软了。我把她从不离手的转经筒放在枕边，忍着悲痛对她说："妈妈，你不要担心我们，姐姐和孙子们您都不用担心，您就一心想着观音菩萨，安安静静地前往极乐世界吧。"

母亲的眼睛湿润了，顺着眼角流出几滴眼泪，脸庞渐渐松弛下来，十分艰难地双手合十，神态平静又安详，缓缓闭上了双眼。

2014年7月25日，我的母亲白玛卓玛去世，享年80岁。

29 亲情无价

我始终觉得在这个世界上总有一些值得我们笃信的真理,"亲情无价"绝对是其中之一。

美国的石油大王约翰·洛克菲勒曾经说过,他之所以努力地赚钱,不单单是为了让自己从中获得力量,也是为了让亲人们都过上安乐、有尊严的生活,是为了让亲情变得更加浓厚。他的这句话给了我极大的触动。

我出生在一个并不富裕的家庭里,但父亲和母亲却给了我极大的幸福,还在我的心底种下了善良的种子,携手为我插上梦想的翅膀,而我的姐姐从小就照顾关心着我,他们共同给了我一个美好的童年。

1987年我和父亲从印度回国,也是因为香格里拉的姐姐的

扎巴格丹一家在村里社区中心

召唤。回到香格里拉以后,又是我的亲戚们,尤其是我的姑妈给了我们无微不至的关照。

姐姐的大儿子还曾带着我去跑短途运输,他教给我很多东西;我去古城读书和找工作的那段时间,也离不开我古城里亲戚们的关照。

亲情一路伴随着我成长,滋养着我的生命。正是亲人们无私的关怀和帮助,才成就了今天的我。

在我有能力的时候,我也会尽力帮助身边的人,这既是感恩,也是彼此的成全。

我回国之后,考取公务员分到宿舍之后,就把父亲、外孙格桑培初接了过来,并且送格桑去城里小学读书。

那时候格桑很调皮,经常逃课,上了中学后还喜欢跟人打架,每次闯了祸，人家就会向我和我的爱人告状。

后来格桑到青海师范大学读书，毕业回来后他开始做一些项目，慢慢地沉稳了下来。现在格桑负责背包十年客栈香格里拉分店的经营，唐卡中心和康巴商道旅行社也由他在打理。

我的外孙安杰，第一次在牧场里见到他的那一幕至今都记忆犹新：小小的个子，腰间系着一小袋糌粑，正在那里挤牛奶。安杰同样不怎么喜欢学习，上学的时候总是偷偷地跑回来。后来我就把他送到国外去学英语，在国外前后待了13年之久。现在安杰是阿若康巴的副总经理，负责网络上的营销和推广。

我的亲人里最"奇葩"的就是我的外甥，我印度姐姐的儿子，姐姐家共有四个孩子，负担很重，所以我就把外甥从印度接到国内，让他在白马雪山的藏文学校当义工，后来把他送到上海锦江国际理诺士酒店管理学院去学习。

在管理学院读了两年之后他去了上海四季酒店实习，然后正式在酒店里上班。结果他工作了三个月后给我打电话："舅舅，我不想待在这里了，我想去另外一家酒店。"

我当时不同意，希望他至少能坚持待上两年，最好三年，因为时间太短的话根本学不到什么东西。可他还是坚持去了一家瑞士人开的五星级酒店，我也只好尊重他的决定。

可是不曾想，他在那家酒店干了三个月再次给我打电话："舅舅，我不想待在这家酒店了，我想去拉萨。"

我只好再次劝他，拉萨那边还没有发展起来，你去了不一定能发挥出自己的特长来，如果你实在不想待在上海，你可以来昆明的君悦酒店上班，酒店老板是我的朋友。

可是外甥还是没有听从我的建议,只身去了拉萨,可是没多久他在拉萨也待不下去了。

我就让他回来,和我们住在一起,可他天天在家里看唱歌选秀的节目。有一天他突然对我说:"舅舅,我想回印度,我要当一名歌唱家。"

我好半天才回过神来,于是认真地告诉他:"你已经20岁了,做事一定要脚踏实地,你想当歌唱家,可以,我帮你联络印度歌舞团的朋友,帮你找老师。"

我觉得一个人有梦想是好事,哪怕这个梦想不切实际但也比没有梦想好。他毕竟还年轻,多经历一些事以后才能知道自己真正想要的是什么。

我为他安排好了行程,可他回到印度后直接回到了家里,待在家里几个月都不出门。

姐姐专门给我打了电话,很高兴地对我说:"弟弟,他特别乖,天天待在家里不出去。"

我不禁哑然失笑,对姐姐说:"他这么年轻应该多出去走走,应该要做事了,待在家里反而不是好事。"

姐姐想了一下也笑了,觉得似乎是这个道理。

外甥很快就从印度回到了香格里拉,他信誓旦旦地对我说:"舅舅,这次你说什么我都听,让我干什么我就干什么。"

我想了一下,就暂时把他安排到巴斯卡私厨帮忙,干了几个月后他突然给我打电话:"舅舅,我要请几天假去一趟昆明。"

那时候外甥在昆明已经有了女朋友,是一位大学在读博士生。在女朋友的鼓励下,他在一家幼儿园找到了工作,担任英语老师。

如今我的外甥终于稳定了下来，把家安在了昆明，还买了房。婚后有了两个可爱的孩子。

母亲在世的时候还曾去过昆明，在他家里住过一段时间，一家人生活得非常幸福。

我的上师洛桑益西，是一位有大慈悲的高僧，我一直都把他当成亲人，他就像一盏明灯照亮了我的人生。

记得小时候我在印度寺院当僧人的时候，有一次我被师父打了跑回家里，就是我的上师找到我，重新把我带回到寺院里。

还有一次我和同伴偷跑出寺院去看电影，到了电影院门口的时候却和当地的印度人发生了冲突。他们十几个人把我和同伴包围了起来，手里拿着棍棒和自行车的链条，逼问我们昨天和他们打架的僧人跑哪里去了。

他们没有问出什么来，领头的大个子就恶狠狠地说："昨天你们的人打掉了我们人的3颗牙齿，今天你俩就要赔12颗！"

一大帮人呼啦一声就冲了上来，我和同伴吓坏了，撒腿就跑，我跑进旁边种鸡豆的田地里，一跳一跳地在田埂上跑，一只拖鞋跑掉了都顾不上捡，经过一个尸体火化台的时候我也不害怕了，以前我连靠近这个方向的勇气都没有，也是通过这件事情我才明白，恐惧其实来自我们的内心想象。

就这样我一口气跑到寺院里，刚进入康仓的时候，不巧遇上了我的上师，他刚刚结束辩经，就走到我的面前，问我去哪儿了。

我支支吾吾说出来随便走走，老师指指我光着的一只脚，还有沾满泥巴的裤管，再次抬头看着我的眼睛。

我的目光躲闪了几下，只好把事情的经过原原本本地跟他说了一遍，老师责备了我几句，并指出我的错误，但没有处罚就让我回去了。

老师总是为他人着想，他不但对我帮助很多，对我的家庭也一直都很关照。我很感激他，也很尊敬他。

我从印度回国以后和老师一直保持着联系，后来有了移动电话联系起来就更加方便了。

2014年9月的一天，我接受云南本土艺术家彭涛的邀请，前往罗平参观他的代表作品"柏涛塔"。彭涛是一位很有才华的艺术家，他设计的柏涛塔建筑是一件震撼心灵的艺术品，充满了梦幻色彩。

就在我刚到罗平见到彭涛的时候，我的手机突然响了起来，我赶紧接通了电话。朋友在电话里告诉我，我的上师被尼泊尔的安全部门管控起来了。

我当时震惊不已，后来才问清楚原因，老师在每年的冬天都会前往尼泊尔的波克拉地区修行。只是今年他去的时候，正赶上习近平总书记访问印度，尼泊尔对国外藏族人出入国界管控很严，我的老师和他的三个学生因为是从印度那边过来的，所以被尼泊尔警方管控了起来。

当时我心里很着急，老师都80多岁了，这会儿又是冬天，万一身体出了问题怎么办？老师的电话也联系不到，我就赶紧给寺庙的同学打了电话，他在尼泊尔开了一家孤儿院，里面都是山区里的孤儿，其中一个成绩优异的孤儿，我还专门把他送到黑龙江的佳木斯大学，为他提供了部分学费和生活费。我当时很高兴能够帮到尼泊尔学生，也算是对我回国时送给我瓦时针手表的尼泊尔朋友的感恩。

我从同学那里知道老师所带徒弟的电话号码，然后再找尼泊尔的朋友们帮忙，很幸运，在几个朋友的帮助下联系到当地警方，误会解除以后，警方就把老师他们放了。

事后我和老师通了电话，他很平静，并没有受到什么影响，等警戒解除后他去了波克拉，继续多年的修行之旅。

我的女儿次拉姆是菩萨赐给我们的精灵，是我们全家的骄傲。大概是遗传了我爱人小陈的聪慧，次拉姆非常聪明，学习成绩很好，拿过两次"三好学生"奖状，还在班级里担任班长。她的文笔非常好，写的作文《我的爸爸》曾在全国作文大赛中获得特等奖。

女儿小的时候我的工作非常忙，都是我的爱人操持家务，爱人的藏语不是很流利，只能进行一些简单的藏语交流。次拉姆能够听懂藏语却不会讲，我有时候讲拉萨方言的藏语，有时候又讲香格里拉方言的藏语，次拉姆听了以后感到非常困惑。

在她小学三年级的时候，我打算把她送到拉萨去上学，丹珍女士在拉萨开办了一家孤儿院，次拉姆可以住在孤儿院。2008年我开车去拉萨寻找唐卡染料的时候，把次拉姆顺便送了过去，他们的学校在堆龙德庆县，就在拉萨的边上。三个月后我去学校看望她，当我走到他们班级门口的时候，学生们都好奇地看着我，只有次拉姆故意目光看着别处。我轻轻喊她的名字，次拉姆站起身跑了过来，眼睛里噙满了泪水。我就带她去拉萨玩，那时候她的藏语还不好，我讲藏语她讲汉语。

可等我第二次再去拉萨看她的时候，她的藏语文已经是班上最好的了,而且在用藏语和她交流的时候,她竟然能指出我语法方面的错误:"爸爸,你把两种语言的语法都掺和在一起了。"

我听着女儿的话既惊讶又惊喜,当初把她送到拉萨来,就是希望她能够学习到各种不同的语言,这样对她的人生会有很大的帮助。这就好比听音乐,我们可以欣赏东方的、西方的、本土的,不但能收获一份快乐,也能培养我们多元化的文化理念。

女儿语言上的进步给了我惊喜,但我很快就收获了更大了惊喜。次拉姆在香格里拉的时候条件很好,大家对她都很好,什么也不缺,也不需要自己做事。但是到了拉萨以后她住在孤儿院里面,很多事情都要她自己动手去做,得到了很好的锻炼,也让她从中找到很多新的乐趣。有一次周末我去看望她,看见她和一群同学正在水井旁边用棒子捶洗她的衣服,很开心的样子。她还经常参加一些民间的歌舞表演等活动。

我带着次拉姆去拉萨的快餐店,给她买了汉堡和薯条,刚下楼的时候突然遇上一个乞丐。次拉姆就对我说:"爸爸,他好饿的样子,我们把食物给他吃吧。"对此我当然是鼓励的,微笑着看她把吃的东西都给了乞丐。

孤儿院的院长丹珍女士非常喜欢次拉姆。她曾经告诉过我一件事,有一次一位香格里拉的活佛来孤儿院参观,他们为活佛准备了丰盛的午餐,就把次拉姆叫过来改善一下伙食。

等到开始吃饭的时候,次拉姆却始终不动筷子,丹珍女士以为她哪里不舒服,就小声询问她怎么啦。

次拉姆看着丹珍女士,怯生生地说:"那些学生都没有吃,难道不能把他们也喊来一起吃吗?"

扎巴格丹与女儿次拉姆

丹珍女士的眼圈红了,次拉姆真的很关心她的同学们。

丹珍女士的孤儿院当时遇上了一些麻烦,其他地区的藏族人来拉萨学习的难度越来越大。得知这个消息我非常遗憾,原本我打算让次拉姆一直留下来在拉萨上大学的。

于是我把次拉姆接回香格里拉,让她继续在香格里拉建塘小学上学,回来后她的学习也很好,接连获得"优秀班干部"和

"十佳学生"等各种荣誉。

到了小学六年级的时候,我一直想给次拉姆找一所国际学校,就去昆明、成都、广州考察了很多所学校,同时我也拜托丹珍女士帮忙联系。后来在重庆的永川找到了一所中国和加拿大合办的枫叶国际学校,这所学校高中毕业后可以直接去国外读书,学校的费用不算太高,而且学校也负责安排学生的周末生活。

我对这所学校很满意,回去以后就和次拉姆商量。次拉姆开始时不愿意去,正好有位朋友送了我一本书,书上讲到了她的成功经历,我就让次拉姆看这本书。她看完以后改变了自己的想法,决定去重庆上学,我的好友丁真的女儿也一起去了这所学校。

次拉姆没有让我失望,她进入这所学校后就考取了初一全年级第一名的好成绩。她的口才很好,在一次参加演讲比赛时获得了"金话筒"奖。

后来我的好朋友,一对美国夫妇鼓励我送女儿出国读书,并热情地邀请我过去看一下那边的学校。我想了想,先去看看也好,等我到了美国后,他们陪着我去了很多所学校参观考察。

每到一所学校,就会有学生主动来为我们担当向导,我发现这些学生的思想非常开放,而且很有耐心和涵养,说话能抓住重点。还给我介绍了他们创作的一些作品,以及他们的日常户外活动。

我当时就感觉非常好,美国在教育和创新方面确实有独到之处,那时候我就决定把次拉姆送到美国读书。次拉姆对此也不反对,她在重庆枫叶国际学校的时候曾经去过美国参加夏令营,对美国并不陌生。

女儿次拉姆

与此同时,次拉姆也参加了北京的夏令营。后来她在重庆的新东方和新世纪参加托福培训,次拉姆考了三次才通过。我对此很欣慰,因为她终历了一番波折和挫折,得到了想要的结果。

我经常对她说，责任与付出很重要，你如果想要取得成就，想要成为自己希望成为的人，那么就需要付出，没有付出就不会有收获。有时候付出需要很长的时间，但只要付出了，美好的东西早晚都会出现。

2016年，次拉姆顺利进入美国佛蒙特州的一所高中，开始了她的留学生涯。让我欣慰的是她非常独立，而且适应能力很强，很快就融入了新环境中。

次拉姆也非常努力，在学习上一直都非常出色，我和爱人一点都不需要操心她的学业。后来她在考试的时候拿了A，她说付出和收获成正比，这种想法让我感到很欣慰。

不管次拉姆以后成为大才还是小才，但是我们要给她指出一条路、一个方向，让她有自己选择的机会，同时也有被选择的机会。

作为父亲，我最大的希望就是女儿次拉姆能够学有所成，回国之后接手我的产业。当然我也会尊重她的选择，只要她做自己喜欢的事情，我同样会感到非常满足。但是无论做什么，一定要有社会责任感，不能丢掉了我们的优良传统，我想这大概就是一种家族精神的传承吧。

2017年圣诞节，我去美国看望女儿的时候，专程去探望那一对热心帮忙的美国夫妇，他们见到我和我的女儿以后，非常热情，一见面就很高兴地紧紧地拥抱我们，还邀请我们共进晚餐。晚上的时候，房间里的暖光照亮了装点美丽的圣诞树，旁边放满了装饰不同颜色的圣诞礼物，所有人都打扮得漂漂亮亮的。

灯光下的夜色很美，我们走过一条狭长的小路，最后来到森林深处的一座独特的小木屋前,一进门,我和次拉姆眼前顿时一亮,里面的装饰物独特而讲究,一张仿古的桌子上摆放着许多五颜六色的小吃。落座以后,两位老人和他们的儿女就开始虔诚地诵经,欢快地唱歌。在欢乐的气氛中我们边品尝着美食边聊天,讲各种笑话,还聊起了那次难忘的虎跳峡之旅。我们几个人围坐在西式壁炉边谈笑风生,非常愉快。

那是一个美好的夜晚,我被美国家庭温馨的亲情所包围着,也从女儿的身上感受到浓浓的亲情,看着女儿开心的样子,我的心里突然涌出一种从未有过的满足感。我想大概就是这种满足感和幸福感,激励着我继续坚定地走下去。

次拉姆从小就喜欢写诗,这一点出乎我的意料。她的诗很有意境,富有很强的想象力。

我要爬上山,
拿走一朵云;
我想做树,想做云,
连白发苍苍的老人我也愿做。

这是一个当时只有 7 岁的次拉姆写出的文字。很多看到此诗的人都感到十分惊讶。看来,香格里拉赋予了她创作的灵感,也在一定程度上继承了爷爷及先辈们的茶马古道情怀。

我的生命中还有一位十分尊重的人就是丹珍女士。

在本书成书之际,正值新型冠状病毒肆虐全球,我最尊敬的丹珍女士于 2020 年 5 月 3 日下午 14 时 15 分,在瑞士因感染病毒抢救无效与世长辞。她是我的挚友、导师和伟大的母亲。

出生在西藏那曲地区的杰素丹珍女士，从小就失去父母，早年孤身一人随商人追寻先辈在茶马古道上留下的艰辛印迹，辗转印度，随后到德国读书，继而落脚瑞士。

杰素丹珍

自幼失去了父母呵护的丹珍女士，对人类心灵中最本原、最纯洁、也最为可贵的互相关爱之情格外珍视。从1993年开始，她辞掉瑞士的工作，带着一颗拳拳之心，回国创办了拉萨和香格里拉等地的孤儿院，负责孤儿们从小学到大学的食宿及所有费用，走上了一条艰难而伟大的路！她把自己的人生追求和所有的一切都给了藏族地区的孤儿。于我而言，丹珍女士是姐姐，是挚友，更是我人生中伟大品格的榜样！她的离去，让我异常悲痛，甚至不敢相信，昔日音容笑貌仿佛还在眼前，往日友情将永远不会忘记！深深地怀念、悲痛地悼念伟大的母亲，亲爱的朋友丹珍女士！

30 第二家阿若康巴

2015年初,独克宗古城在火灾后的重建工作已经初见成效,位于丽江束河古镇的阿若康巴·庆云庄园的建造也进入了尾声。

从庆云庄园开建以来,我始终面临着资金上的困难,也承受着巨大的压力,虽然乔达里先生说过会参与这个项目,但他迟迟没有给我汇款。

为了保证工程的进度,我只得硬着头皮想办法东拼西凑。就在我很需要资金周转的时候,我的一位朋友张雷参与到项目中来。张雷是当地的兰花王,他收藏的名贵兰花非常高贵,花开的时候隔壁的邻居都能闻到淡淡的清香。我和张雷从认识到合作关系一直相处得非常融洽,相互尊重相互鼓励,他很有智慧,很容易沟通,也很善解人意。他心地善良,随时都想帮助别人。我庄园的

帐篷酒店木楼

经理和员工去昆明的时候,他都会好好接待。很感恩人生中有这样的朋友。

这样过去了七八个月,庄园的建筑开始封顶的时候,我再度给乔达里先生打了电话。乔达里先生很谨慎,专程带着他的团队来到丽江观看现场,进行实地考察。考察之后他非常高兴,不管是庄园的选址还是建造的质量他都很满意,不到一个星期就把他投资的一部分款项汇了过来。

庆云庄园开业的那一天,我邀请了很多国内外的朋友,还有喇嘛、高僧,举办了盛大的开业典礼。从印度和尼泊尔过来的朋

雪中帐篷下

友们非常欣赏这座庄园，他们不止一次地向我感慨，这样的特色建筑在他们的国家现在很难实现。

因为有了阿若康巴·南索达庄园的运作经验，所以庆云庄园很快就走上了正轨，开业以来的入住率还算不错。

很多人以为我平时的工作很轻松，但只有我自己心里最清楚，我忙得像一只马鹿，每天都承受着很大的压力。

做民宿非常艰苦，我觉得就像过去在寺庙里，老师们很严格，时间安排得很紧张，基本上没有闲下来的时候。

以前我做导游的时候，做旅行社的时候，虽然也有危机感，但危机感并没有那么强烈。但从我做民宿开始，神经绷得很紧，危机感无时不在。

民宿的投资很大，要求也高，一旦开业每天都将面临很高的运营成本。民宿的市场竞争非常激烈，不管是在丽江还是在香格里拉，每天都有大量的民宿酒店入围，又有大量的民宿酒店被淘汰出局，这几乎成了常态。

现在顾客群体的消费观念也在不断转变，消费追求也在变化，就好比吃饭，我们过去只要吃饱了就好，而现在我们更讲究饭菜的质量，讲究饭菜的味道和口感，乃至对用餐的环境也有了更高的要求。消费者彻底改变了，对于经营者来说，只有跟随着他们的变化而变化才能生存下去。

这就倒逼着我们不断作出改变，进行创新，而不是一成不变、故步自封，只有为客户提供更优质、更个性化的服务，我们的阿若康巴才能实现盈利，才能在竞争激烈的市场中生存下来，乃至发展壮大。

在我开设香格里拉的阿若康巴·南索达庄园的时候，我还没有面临这么大的压力，还没意识到竞争的残酷，大概也是因为香格里拉的南索达庄园运转太顺利，让我有一些自我膨胀，就风风火火地开设了丽江店。

而当我开始负责两家阿若康巴运营的时候，才发现自己的精力和时间都不够用了，我的行程安排经常会发生冲突，而且有太多的琐事需要去解决，随即管理中的各种不足也开始暴露出来。

外面的经济环境、商业环境，内部的企业管理、营销团队、管理团队、HR团队、OTA操作的技术人员、文案策划、旅行安排，以及各个部门之间的协作，都需要我来协调，时刻保证它们的正常运转。

虽然很忙，很苦，很累，但我也在享受着实现梦想的快乐。

不管做什么事，心态非常重要。用好的心态去面对每一件自己喜欢做的事情，不管遇到什么困难也能克服。只有喜欢了才能发现一些更深层的东西，只有领悟到这一点，才能继续走下去。

不管是阿若康巴香格里拉店还是阿若康巴丽江店，都承载着我儿时的梦想，也承载着父亲的梦想，我努力把它们打造成梦想中的"尼仓"，让两个民宿庄园成为精品民宿中的翘楚。

我从印度回国到今天做民宿，我享受的就是不断前行的过程，当我走在路上的时候，每一次向着目标迈进了一步都会让我心生喜悦，我前进的动力也来自于此。

当然，从更高的层面来讲，民宿对社会的贡献也非常大，不仅仅在经济、就业、税收方面的贡献，更多是还在于文化上的贡献。

直接的或者间接的，我们民宿中所体现的内涵，它所具备的文化价值、艺术价值、创新价值，以及传统上的一些好的东西，还有我们的情怀，都会传递给外界，进而产生积极的影响。

比如我们阿若康巴的两家精品民宿，就是我用来推广茶马古道马帮文化的窗口，我们在建筑中融合了藏族和纳西族的传统而鲜明的建筑风格，已经具备了民族性和文化性，而民族的就是世界的，客人们来到我们的庄园，就能非常直观地了解到我们的传统文化。看到或者来到我们民宿的朋友，都会说你们的民族文化太丰富了，地方太美丽了，下次再带朋友来。所以我们的民宿把民族文化与地区旅游业较好地结合了起来。具备了这样的责任感乃至使命感，哪怕遇上再大的挫折，哪怕再苦再累我也会坚持下去，努力下去。

有一次我前往广州考察一家连锁酒店的管理公司，对他们的模式非常感兴趣，他们运营的快捷酒店非常成功，入住率能够达到 90% 以上，不分淡旺季，很多酒店几乎都是爆满。

我仔细考虑了一下，打算把阿若康巴的丽江店也就是庆云庄园交给他们去做，保底业绩为 80% 的入住率。

如果他们能够管理得很好，我就能腾出更多的时间来去挖掘阿若康巴更深层次的东西，从文化上把阿若康巴建设得更好。

2015 年 8 月，这家公司正式接手了阿若康巴丽江店的运营，他们把庆云庄园所有对外的线上平台都对接到了他们那里，并且派遣了两位工作人员入驻庆云庄园。

然而让我没想到的是，他们接手以后庆云庄园的生意却越来越差，国庆节这样的旺季竟然都是空房状态。更让我着急的是，这家公司把所有对外的窗口都给控制了，我们自己找来的订单也进不去。

当时我就直言不讳地跟他们说，再给你们一个月的时间，如果生意还是没有好转的话就终止双方的合作。一个月后，我给这家公司派来的经理结算了三个月的工资，解除了合作协议。后来我才知道，这家公司的重点其实是在运作资本，为上市做准备。

后来我总结了一下，这家公司只适合运作标准的快捷商务酒店，他们对精品民宿的运作缺乏经验，也缺少对民宿的了解。如果没有情怀，是做不好民宿的。

他们走了以后，自然还是由我们自己来做。我专门改造了一间书吧，把唐卡中心的体验课程也开设起来，还开设了瑜伽课程，不管唐卡也好，瑜伽也好，还有其他方面的一些常识，既是为了丰富民宿的服务内容，也是我建立起来的文化展示和文化交流的窗口。

非常幸运，我上海的一个朋友施女士（Judy）从事旅游情报工作。阿若康巴·庆云庄园开业不久，她帮忙安排了好多媒体，不同的旅游频道、国内外的民宿杂志、新媒体，对我们的丽江店进行了宣传报道。

并为我们拍摄了一个时长为7分钟的视频，讲述了我父辈们的茶马古道的精神文化，以及我为父亲的梦想建设茶马古道上的阿若康巴的故事。这个视频引起了广泛关注，产生了很大的影响，点击量超过3000万，也为我们带来了更多的客人。

为了保证阿若康巴的服务质量，我经常会跟我的员工们说，我们做服务行业的，首先我们自己要开心，把阿若康巴当成自己的家，要是自己不开心，就会把不好的情绪传递给客人。

所以我的员工一定要开心,要积极乐观,注重一些精神层面的东西,而阿若康巴也会尽力为员工提供各种成长和学习的条件。

我不喜欢我的员工为他们的失误或者不足寻找借口,我也很讨厌自己为自己寻找各种借口。有时候顾客或者朋友会为我提出一些中肯的意见,指出阿若康巴的一些不足,而我有时候也会找借口,这一点是我要引以为戒的。

洛克菲勒的传记中有一段话说得非常好:

在我看来借口是一种思想病,而染有这种严重病症的人,无一例外的都是失败者,当然一般人也有一些轻微的症状。但是,一个人越是成功,越不会找借口,处处亨通的人,与那些没有什么作为的人之间最大的差异,就在于借口。

如果我们想要成为一个成功者而不是一个失败者,那么就必须停止寻找借口。

阿若康巴建成以来,不管是香格里拉店还是丽江店,很多人都来参观,参观的人数甚至超过了客人。我的理念是不管客人还是参观者,都要给他们提供优质的服务。

参观者们可以自由拍照,可以向我们了解庄园的情况,因为这个世界是没有秘密的,好的东西我们可以拿出来和所有人分享。

如果我的同行们也能把客栈和酒店建设得很好,把民宿当成自己的事业,对促进古城的发展也是一件好事。

古城好了云南就好了,云南好了中国就好了,中国好了世界就好了。世界好了,大家都好。这个道理倒过来说也一样。

庆云庄园瑜伽课程的开设是因为一个偶然,那时候我非常幸运地认识了一位年轻的活佛根噶降称,他是一位非常优秀的上师,就是通过他我进入了瑜伽的领域。

有一次根噶降称活佛来到庆云庄园,和他一起前来的工作人员都是很传统的藏族人,还有他的弟子们,都非常好,很详细、全面地为我介绍了生命瑜伽的课程。

他们的生命瑜伽其实一个公益项目,所有的课程都是免费的,上师来回的路费都是自理,他们的助教同样也是如此。

生命瑜伽的初心和目的是为了人类的

帐篷酒店

帐篷酒店

开心的客人

健康,为了让更多人在沉闷浮躁的生活之余寻找到心灵放松的健康减压方式。我非常感兴趣,自己也学会了瑜伽。

因为工作压力大的缘故,还有生活上的不规律,我患有慢性咽炎和鼻窦炎,时不时地就会发作,但是通过瑜伽课程后,我的心态获得了从未有过的放松,一些病症很快就消失了。

意识到瑜伽对我的身心调节起到了很好的作用,我专程去了上师在兰州的天山山庄,我的师兄张老师在那里进行深度学习,并且考到了瑜伽师的助教证。我自己因此也发愿,学会后要通过瑜伽为他人服务,只要需要的人,我都会无偿地传授生命瑜伽。我在庆云庄园的生命瑜伽课程结束一年后,我也组织了一个公益性的瑜伽课程,30多个人的活动,非常成功。

我把生命瑜伽的课程引入到阿若康巴庄园，其实就是一种分享，很多游客在体验了瑜伽课程以后有了明显的改善，这对我而言就是最大的满足。

在全体员工的努力下，阿若康巴丽江店渐渐走上了正轨，我又开始进行其他方面的尝试和摸索，试图在民宿这个行业里拼接出一个完整的版图。

31 事业的版图

在我的构想中,既然我选择了民宿这个行业,那么就要不断去尝试去挖掘一些新的东西。

在条件允许的前提下,我想构建出一个立体的有层次的民宿结构。阿若康巴的两家精品民宿针对的是中高端用户,还应该有针对背包客和年轻人的青年旅馆,还应该有一些特色性的民宿,当这样一个整体的架构出来,形成一张网络的时候,我就能更深入地了解到整个民宿行业的生态环境,这有利于我下一步的选择和决策。

2014年,阿若康巴丽江店建造的过程中,我经常去束河的一家叫作"家有傻犬"的客栈里吃饭,与客栈的香港老板和他的重庆籍夫人都非常熟。

背包十年青年公园

  他们家那时候养着两条英国梗狗,还送给我一条,结果那条狗不太适应香格里拉的环境。老板阿弥养的英国梗粉丝特别多,他们家住的客人大多数是为了见英国梗而来的。当时阿弥的母亲病了无法继续经营下去,就让我帮忙看能不能找人接手这家客栈。

  当时我的几个朋友正好有意做一家城市民宿,我觉得这个机会不错,就和他们商量要不要把这个院子接手过来,后来我们四个人商量了一下,觉得可以合作。

装修中的背包十年青年公园

牦牛肉火锅

除了我之外，还有我的设计师朋友李众，还有杨姐，以及"兰花王"张雷。当时我们的初衷是拿下这个小院子，既可以对外开放，同时也是我们自己休闲放松的地方，这家客栈就交给杨姐来经营，改名为"他乡故事"，后来改为"花履驿栈"。

杨姐接手客栈的管理后，将客栈装修一新，种植了很多花草，又推出了特色牦牛肉火锅和雪山鱼等拿手特色菜，可以说在束河古镇一带，花履驿栈的牦牛肉火锅是最正宗的。

这家小民宿建立起来以后，我又开始尝试建立一家青年旅馆。

在香格里拉的村子里面，我家还有一栋老房子，传统的藏式建筑，本来是留给我的外孙格桑的，但是格桑结婚后就一直住在城里，老房子一直空着，偶尔有体验民俗的游客来村子里的时候，我会安排客人在老房子里住上几天。

当时我就很想把老房子充分利用起来，做一家民宿，中高端的民宿我已经有了，民族特色的小客栈也有了，所以我的设想是做成一个青旅式的客栈，就是这个设想促成了我和小鹏的合作。

小鹏是丽江背包十年青年公园的创始人，在青旅这一块做得非常好，他同时也是一位畅销书作家，至今已经出版了六七本书，青旅的名字也是来自他的第一本书《背包十年》，很多年轻人都是他的粉丝。我了解到这些情况以后，就想和小鹏进行合作，只是小鹏非常喜欢旅游，经常背着包满世界旅行，我们一直都未能谋面。

有一次唐卡中心来了一位广州的小男孩，他想留下来当义工，顺便学习一下唐卡。

我就明确地告诉他，当义工可以，免费学唐卡也可以，但我只有一个要求，你在香格里拉这边做义工结束后不是要去丽江背包十年住几天吗，那就顺便帮我找到小鹏。

他在唐卡中心做了两个月义工，然后去了丽江的背包十年，最后把小鹏的电话等都给了我。其实他只是找到了背包十年的员工，后来发现电话号码不对，所以没有真正联系到小鹏本人。

不久后我带了阿弥和他的夫人小杨到香格里拉，专门去看了我们村子里那栋空置的老房子，并且告诉他们我的一些设想。因为他俩的"家有傻犬"客栈被接手后他们也很感激。

他俩都很喜欢老房子也很感兴趣，就说回到丽江会帮我联系。也是机缘，他们回去后真的在他们客栈的餐厅里遇上了小鹏，当时他正在和几个人一起吃饭。只是那时候小鹏的背包十年青年公园才开业一年,他也正在写一本书,所以暂时没有考虑合作。后来我们见面后谈了一些彼此的想法,并且约好了时间,到时候去香格里拉的村子里看一看。

很快小鹏和他的团队就过来了,等他们参观了老房子以后,非常痛快地就答应了合作,他也很喜欢那座老房子。随即就是正式的商务谈判,我、小鹏、我的外孙格桑培初,我们三方出资,共同打造背包十年青年公园在香格里拉的分店,小鹏把青旅的一干事务理顺了之后并没有参与管理,而是交给了格桑。

因为这座老宅子的面积非常大,所以改造工程很顺利,除了各种客房之外,我们开辟了很多公共区域,咖啡馆、酒吧、露天

背包十年青年公园

电影院、阳光书廊，还在宅子的后院平整了草地，既可以作为观看星空的宿营地，也能进行露天烧烤之类的聚会。

总之所有的设计和改造都是围绕着背包客和年轻人的需求进行，我们力求将背包十年青年公园香格里拉店打造成为所有人心目中的乌托邦。

我们专门开辟了几条徒步路线和骑行路线，比如高山牧场和阿布吉措，在香格里拉的知名度虽然不大，但绝对是风景优美、探险寻幽的好去处。

不喜欢徒步的客人也没关系，只要走出青旅的大门，就能体验到我们原生态的村子里的民俗文化，可以看看村民怎么种地，青稞怎么播种、怎么收割，牛是怎么放养的，挤奶分为几个步骤，普通村民的日常生活是什么样的，他们吃什么，等等。到了晚上我们还可以组织篝火晚会，领略村子里流传了800多年的锅庄舞和藏族民歌，品尝当地人制作的美食和酿造的青稞酒。

此外我们还举办了很多活动，比如和迪庆州旅游发展委员会联合打造的一年一度的牛粪节，将食、宿、行和文化体验融为一体，还请来一些旅行达人进行分享交流，很受年轻人和背包客的欢迎。

我对背包十年很有信心也是一种内心的态度，社会的未来就靠年轻人，他们的成长，对边疆民族的了解十分重要，将来怎么发展和保护都要靠他们去完成，所以我很高兴能够和小鹏合作并建立这么好的体验性青旅——香格里拉背包十年青年公园。

每年都有一些国内的艺术院校组织学生来到香格里拉背包十年青年公园，进行写生、创作，我们也会给他们提供一些方便，收藏、购买一些学生和老师们的画作,也算是为支持他们的艺术创作略尽绵薄之力。

不久前云南著名画家聂南祥老师带着云南美院的学生来香格里拉写生,就住在我们的背包十年青年公园,抱着支持本土艺术家的态度,我们收藏了聂老师的几幅画,并且组织了一场油画交流会,当天卖出去的学生的写生作品达到40多幅,活动举办得非常成功。

我们阿若康巴的两家精品民宿也经常举办同样的油画交流活动,既能让艺术家们因此受益,也能增加阿若康巴的艺术氛围。

也有一些剧组将影视剧的拍摄地点放在了我们背包十年香格里拉店,因为我们称尼村是一个原生态的藏族村落,几乎不用进行什么处理,就能拍出影片所需要的质感来。

比如景甜和陈晓主演的偶像剧《一场遇见爱情的旅行》,就曾在阿若康巴和香格里拉的背包十年青年公园取景,我也为他们提供了一些便利。

还有上海戏剧学院的一群大学生拍摄的微电影《年让》,也是在我们村子里取景,剧组在香格里拉背包十年青年公园举办了开机仪式,本来我只是为他们提供一些帮助,没想到我却成了电影的主演之一。这部影片的导演小侯非常有才华,曾经在国外拿过大奖,预祝《年让》也能够有所斩获。通过这样一个窗口,也能把我们藏族的民俗文化,把我们的香格里拉推广出去。

除了花履驿栈和背包十年青年公园香格里拉店,我在香格里拉还做了一个帐篷酒店的项目。

距离香格里拉不远的地方有一座"卧佛山",当然这个名字是我起的，因为那座山看上去就像是一尊卧着的大佛，非常吉祥。"卧佛山"山下有一片美丽的草原牧场，周围水源丰富，赶上季节的时候还能挖到松茸等各种菌类。

这个山谷一直处于未开发的状态，所以我很想把周围的环境都利用起来，做一家帐篷酒店。

帐篷酒店拥有其他酒店所没有的独特体验，因为它周围的环境就是大自然，一切都是原生态的，对外带给客人的是野趣和户外旅行的自由感受，而在帐篷内部提供的却是一种低调奢华的体验。通过帐篷酒店，我还可以把当地的民俗文化融入进来。

这个项目的投资非常大，我一个人做不了，所以我开始寻找合作的伙伴。

当初跟乔达里先生做项目的时候，我认识了阿里拉的设

《年让》海报

《年让》剧照

307

游客体验生命瑜伽课程

计师凯伦,凯伦是新加坡人,曾经拿过很多设计大奖,他非常喜欢户外旅游,经常和我一起去尼西等小村庄,喝酥油茶,吃当地的腊肉和牦牛肉,他都非常喜欢也特别开心。

他在新加坡的工作特别忙,公司规模也不小,所以到了香格里拉以后,我们坐在火炉边烤着奶渣喝着青稞小酒,凯伦就感觉非常悠闲和放松,觉得一切都很生活化,他也因此爱上了香格里拉。

凯伦有一个朋友彼得,从事的是国际酒店管理,后来他自己开设了一家公司专门负责环保和垃圾处理,也非常喜欢户外运动,最喜欢驾驶越野车和摩托旅游,我去新加坡的时候和他们一起开过他改装的个性化吉普车去兜风。

凯伦的第二个朋友,是美国西雅图一家大企业的会计。凯伦的第三个朋友菲利普,是联邦快递的亚洲总裁,同样是个户外爱好者,他们都经常从新加坡、越南和泰国骑着摩托车来中国旅游,

菲利普的爱人在营销上非常厉害。

所以我们这些都非常喜欢户外旅游的人就走在了一起,决定一起投资这家帐篷酒店。我们注册成立了一家公司,我把买到的100多亩地低价转让给了公司,以此入股,帐篷酒店的项目正式启动。

其实他们的经济条件都很好,只是因为实在太忙了,所以无法抽出更多的时间来关注帐篷酒店的建设,其实早在2008年的时候,我们就已经对如何运营达成了共识。

我的第一家阿若康巴建立起来了,帐篷酒店的项目还在进行,我在丽江的阿若康巴建立起来了,帐篷酒店还在建造中,等到香格里拉的背包十年青旅建立起来的时候,我实在忍不住了就催促他们。一直到了2018年,帐篷酒店的项目终于全面启动,因为我忙着别的事情,并没有参与到这家酒店的管理中。

但不管怎样,帐篷酒店启动了总归是件好事,虽然我们的帐篷不是很多，但会有一个体验的基地，帐篷酒店在国内是新生事物，市场还远没有开发出来，对于香格里拉说来，这是一个突破性的服务行业，也是旅游多元化的一个有益的补充。

凯伦本身就是设计师，所以对酒店的设计和运营有着清晰的思路，他们也在不断寻找一些 CLUBMAT 之类的知名俱乐部和旅游集团公司合作，想把这个项目做得更好。

我希望我们的帐篷酒店能成为香格里拉酒店业的一个标杆，这不但对香格里拉旅游业会有一定的推动，酒店附近的村民也会因此而直接受益。

上述的这些项目尽管在运作的过程中出现过这样那样的波折，但总算没有偏离它原来的轨道，我们的初心是正确的，项目在落地后也能快速地积蓄能量，然而"尼仓院子"这个项目，却给我带来了不小的消耗。

32 生死之交

在我们的共同努力下,阿若康巴这个品牌的知名度越来越高,它所承载的情怀,它所代表的文化理念也越来越被外界熟知和认可,可以说我已经取得了一定的成功。很多时候我都想停下来,让心静下来,和更多的人分享茶马古道的故事,分享茶马古道上的马帮文化。但一旦忙碌起来就会发现总有忙不完的事,总有无数个转瞬即逝的商机,这需要一次次地作出选择和决策。

时代总是在向前发展的,而我们又身处在一个巨大的时代变革中,一切都在迅速发生着变化,一旦停下来,就意味着落后,就意味着被市场无情地淘汰,所以我们不能在一个地方原地踏步,必须向前走。

除了日常的经营之外,我平时的会议很多,各种论坛活动也

经幡

很多，我都需要去参加，去和同行进行交流，时刻了解整个行业的最新动态。

我是云南省迪庆州工商联的名誉副主席，我同香格里拉的商界一同建立了一个迪庆商盟联合投资公司，在工商联的组织下去不同的地方考察。

在我多次考察了迪庆州下辖的维西傈僳族自治县后，曾经有意在维西的塔城地区开设一家阿若康巴。

我的梦想是要在茶马古道沿途的节点上，建立起一座又一座的尼仓，维西同样是滇西北茶马古道上的一个节点，被称为"横断山脉中的绿宝石"，而且有着鲜明而独特的傈僳族文化。它有着怒江、金沙江、澜沧江三江并流的地理优势，维西的塔城有非常有名的祖师洞，也是滇金丝猴之乡。

除了民宿多层次化的发展思路之外,我也在尝试民宿集群的建设,试图摸索出一条可行的道路来。

抵达维西之后,我们的项目人员在当地进行了各种形式的捐赠,用以扶持当地的贫困生,然后在维西的各个地区展开了考察。县政府知道我有意投资以后也非常支持,欢迎我们的阿若康巴在维西落地。

按照我当时的预想,阿若康巴在维西的精品民宿至少需要500万—800万的投资,我的投资占到25%,负责民宿的运营和管理,经过几次接触和商谈后,我们和投资方达成了意向性的协议。但当时我也有一些担忧,因为当地的一些投资方和老板追求的是快速的投资回报,可民宿这个行业的回报周期却很长,尤其是我所要打造的阿若康巴除了商业之外还有一些文化上的考虑。

为了保证以后的合作顺利,我很详细地向他们解释了阿若康巴的经营理念和经营思路,我很直接很诚实地告诉他们:"我不能保证你们在短期内会有暴利的投资回报,但稳定而又有序的投资回报却是可以保证的,我希望你们能认真考虑一下,然后再决定我们是否合作。"

后来他们认真考虑了我的建议,又进行了一些考察和调研,大家觉得吸引力不是那么大,也就选择了放弃。

在维西的时候我遇上了我非常尊敬的一位领导陈俊明,他是我们州工商联的主席,时任迪庆州人大常委会副主任。他非常关注百姓的生活和企业的现状,在各个方面都进行过深入的了解,当初为了"香格里拉"这个命名,他多次前往北京拜见相关的领导,花费了很大的精力去做解释、说服工作。

他的英语也很好，经常会有一些国外的朋友前来香格里拉投资，我通常会找他帮忙，他对各种项目的运作都非常熟悉，香格里拉当初刚刚起步的时候，就是他第一个成立了一家有限公司。而且他还是一位有情怀的文化人，通过自己的微信公众号经常会分享一些人生感悟和家乡的种种动态。

他曾经开办过迪庆最好的英语培训学校藏东学校，是完全民间性的，学生来自全国各个藏族地区的贫困家庭，为他们培训各种语言技能，还有各种农村机械修理技术等，当时的香格里拉作为知名的旅游城市，他们的学校培训出来的学生对当地的旅游机构帮助特别大，学生只要一毕业就立刻被人抢走了。很遗憾的是，2008年后由于各种原因这所学校没有继续办下去。

2018年7月的一天晚上，我在维西开完一个会议，打算开车前往拉萨考察阿若康巴在拉萨的项目。他正好也要去拉萨，得知我要开车去之后他就把机票给退了，和我一起同行。顺便走一走林芝，也算填补了他走过的滇藏线上的最后一处空白。

当时我们一共两辆车，我开的是从朋友那里借来的丰田皮卡，刚刚挂牌不久，他就坐上了我的车。

夜里下起了雨，路上很滑，到了盐井后我就开得很慢，当时澜沧江的水涨了起来，几乎淹没了公路，在我们通过后的第三天，那段路就被冲毁了。

到了盐井被检查站卡住，工作人员询问我很多问题，又把车里的东西和行李翻了个遍，耽误了好长时间。检查站的人员态度不是那么温和，不过还是给我们放了行。

芒康的检查站把我们又卡住了，因为当时正赶上敏感时段，

硕拉山

左贡县的一处景点

所以检查得比较严,陈主任和我一起在外面站了好久。好在检查站的工作人员态度还不错,陈主任向他们介绍说我是香格里拉著名的企业家,去拉萨是为了项目投资,可那些工作人员对此并不以为意,似乎把我当成了某个藏族歌星,和我们有说有笑,还希望我能唱一首歌,我当时哭笑不得,实在没有这个心情,只得"耍了一次大牌",婉拒了他们的请求。

陈主任开玩笑说,我很有明星范儿。以前大家一起聚会的时候,我的身边总有很多女粉丝,只要我施展出微笑、唱歌、跳舞这三板斧,其他人基本上就没戏了。

离开芒康后我们继续驱车前行,彼时恰逢7月份,沿途的风景很好,214国道上不时能看到骑行的人。

在前往波密的东达山的上坡处,我们遇上了一位来自广西的骑行者,她当时已经有了明显的高原反应,看上去有些痛苦,不停地向我们挥手。我们把车停在了路边,了解到她要骑行到拉萨以后,就让她搭乘我们的车,她的自行车也被绑在了皮卡后面。

到了下午五六点的时候,我们距离八宿还有几十公里,前方出现了一个大下坡,道路的路面上浮着一层细沙,右面一侧是山壁,左侧是涨水后汹涌的大河,因为之前一路上坎坎坷坷很多,这段路的路况相对好一些,所以我开车的时候比较放松,然而就在车子平稳前行的时候,突然经过一个大坑,我猛地一个急刹车,车子的轮胎碾在浮沙上打滑立刻就失控了。

当时我惊出一身冷汗,用力打着方向盘,试图制止住皮卡车向着河边滑行。皮卡车在下坡路上歪歪扭扭地碾出一道道黑色的车轱辘印记,最后轰然一声撞在右侧的山壁上,整个车体反弹回来后又向着左边的河道冲去。

我使劲踩刹车,几乎踩到了底,就在车头即将冲出公路掉进河道的时候,皮卡车终于停了下来,惯性之下车身剧烈地摇晃摆动着,我和陈主任的脑袋几乎要撞在挡风玻璃上,又被安全带猛地拉回到座位上。

万幸,总算没有翻车。当时我整个人都快虚脱了,急忙向着陈主任和搭车的女士看去,还好,人没有大碍,陈主任的大腿外侧被汽车排挡给撞出一块淤青,手上蹭破了一点皮。

"我的眼镜呢,眼镜怎么不见了?"陈主任不仅淡定而且很幽默,两只手夸张地四处寻找他掉落的眼镜。

当他找到眼镜以后,忽然大声道:"着火了!"

皮卡车的引擎突然起了火,呼的一声腾起一股黑烟来。

驾驶室的门被撞变形了,我用力地打开车门,三个人下了车后,手忙脚乱地从车上取下矿泉水,一股脑地浇在着火的引擎上。

火终于灭了,丰田皮卡车也彻底坏了,绑在车后面的那位女士的自行车也因为碰撞有一些变形,万幸的是我们三个人都没事,我们与死神擦肩而过。如果把我们生死的一瞬间进行一次回放,倘若皮卡车失控的时候迎面有车过来,抑或我们的车没有撞向山壁一侧而是栽进河里,后果不堪设想。

其实在此之前已经有了一些不太好的征兆,皮卡车的避震不太好,有几次经过坑洼路段颠簸就很明显,而且刹车似乎也有些问题,路上曾出现过几次轻微的打滑。

在28拐垭口的时候,我们停下车来看风景照相,停车场的人就在大声提醒我,我的车自动滑坡了,我赶紧把手刹拉上才止

过溜索

住皮卡车的下滑。

其实那时候皮卡车就已经在给我们传达信息了，主要是我没有经验，车子是全新的，那天从香格里拉出发得很早，我去修理厂让一个小伙子给四个轮胎打气打得太足了，这是酿成这次事故的最主要原因。

救援车和救护车很快就到了，把我们拉回到八宿，我们人都没什么事，就是皮卡车损毁得太厉害，当地的修理厂没法修理，我们只好把皮卡装车运到拉萨去修，为此我花费了十几万元的修理费。

后来陈主任对我说，经过那一次事故之后，我们也算得上是生死之交了，确实如此。

到了拉萨之后便与陈主任分手了，我们各自去办自己的事情。我去了八廓街，我们项目的设计师李众已经飞过来了，约好一起考察阿若康巴拉萨店的地址。

位于拉萨河畔的阿若康巴·拉萨庄园，是我在茶马古道上建立起来的第三座"尼仓"。

33 拉萨河畔，新的起点

阿若康巴能够在拉萨成功落地，小扎巴的努力起了非常大的作用。

小扎巴的家乡在德钦县的梅里雪山，后来迁移到昌都，最后搬到了拉萨。他家族中也曾有人长年行走在茶马古道上，小扎巴和我一样，身上带着父辈们留下的深深茶马古道情结。我一度和他的家族成员走得很近，从他们身上学到了很多东西。小扎巴的父亲是第一个把金立酥油引入拉萨的人，人生阅历和商业经验十分丰富，带给我很多启发。

我和小扎巴的认识既是偶然也是必然。小扎巴大学毕业后就在甘南的诺尔当帐篷酒店工作，诺尔当的老板就是德清·雅诗的丈夫，是我的好朋友，就在那时候小扎巴听说了阿若康巴。偶然

扎巴格丹在理塘格聂雪山

看到了一期介绍阿若康巴的杂志,此后就一直关注着阿若康巴的动态。我虽然不认识他,但毕竟在一个相同的领域又拥有共同的朋友,所以也知道他。

有一次他打电话说,他关注阿若康巴多年,他有意跟我合作,说要不要一起建一家拉萨的阿若康巴。

扎巴格丹

当时小扎巴在拉萨有一块两亩多的地，位于邦达仓大院和全国人大常委会原副委员长阿沛·阿旺晋美的故居一带，周边坐落着好几座风景优美的林卡。

那一地带我知道，就在拉萨的八廓街附近，紧邻拉萨河，地理位置相当好。拉萨是历史文化名城，旅游业非常发达，要开设一家酒店不但成本很高，相关的手续审批也非常麻烦。我和小扎巴进行商谈的时候，先做了一个简单的预算，果然发现建造阿若康巴拉萨店的费用很高，投入太大，比阿若康巴香格里拉店的投入大很多，所以我更加犹豫了。

其实在拉萨建造一座阿若康巴，是我一直以来的愿望。拉萨是川藏、滇藏茶马古道的汇合点，而后茶马古道又从拉萨开始向国外延伸。当年我的父亲跟随马帮闯荡的时候，在拉萨停留过很长一段时间，他就是从拉萨开始出发，沿着茶马古道先后抵达了印度、尼泊尔、不丹等国家。

能够在拉萨建造一家阿若康巴，对我而言当然意义非凡，如果时机成熟，我还能以此作为跳板，把阿若康巴也开设到印度、尼泊尔、不丹等国家去。

当然这只是我的梦想，可能会有一些遥远，但就像马帮里的拉朵们都梦想着成为一名敬达一样，纵然他们做不到敬达，也不会放弃自己的梦想。

然而梦想和现实之间毕竟有着很大的差距，我根本无法忽视这么大的投资带来的风险。我把自己的担忧告诉了小扎巴，我对他说其实我也想与他合作，在拉萨建造一家阿若康巴，但这得看机缘，其实那时候我已经打算放弃这个项目了。

小扎巴却非常坚持，他对我说我们应该好好努力一下，把这个项目的各个方面都掌控好，我们肯定能成功。

小扎巴年轻而富有激情，待人真诚，做起事来也非常认真，我被他的情绪感染了，决定把这一次的项目当成一次挑战。

所以我让设计师李众前来拉萨考察庄园建造的现场，先做出一个设计效果图来。

小扎巴为了能拿到政府的项目批文，费尽了心思，把每一步申报程序都进行了完善，就是通过他不懈的努力，我们成功地拿到了批文。

小扎巴的能力让我非常惊讶，我知道他一定会成功，却没想到事情会这么顺利。

2019年，总投资达到1600万元的阿若康巴·拉萨庄园开始动工建设。

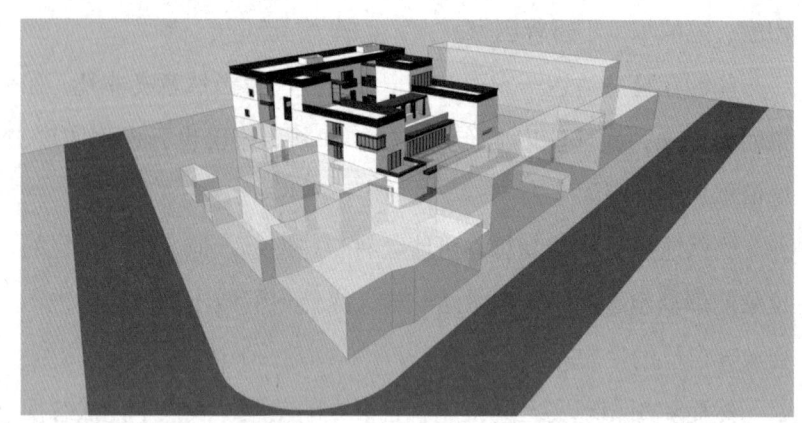

阿若康巴·拉萨庄园立体设计图

它同样由阿若康巴"御用设计师"李众设计，采用了拉萨当地的藏式建筑风格，又增加了很多现代元素，两者相得益彰，完美地融合在了一起。

动工建设的那天，天气晴朗，天空碧蓝如洗，温暖的阳光挥洒下来，拉萨河两岸的风光尽收眼底。

红山耸立，碧水中流，河岸上一座座藏式房屋错落有致，风景优美的林卡郁郁葱葱，那一刻我产生了错觉，仿佛自己置身于清新的大自然而不是繁华的都市之中。

我不禁想起了我和父亲从印度回国的那一年，我们从印度到尼泊尔再到拉萨，当时就是在这条河里，我欢快地游泳，洗掉一路的风尘后又继续上路，最终回到了我的家乡香格里拉。

今天我再一次来到拉萨河畔，因为阿若康巴的存在而获得栖息之地，我的心灵也因此而得以安放。

当我在这里洗去一路的风尘，卸掉身心的疲惫，我还将继续

扎巴格丹

行走在路上,沿着父辈们的足迹,去尼泊尔,去印度,去不丹,在茶马古道的沿途建立起一座座的阿若康巴,一座座的尼仓。

心若在梦就在,只要心怀梦想,我们的人生终将圆满。

图书在版编目(CIP)数据

寻梦香巴拉 / 扎巴格丹，小北著 .
—北京：中国藏学出版社，2020.10
ISBN 978-7-5211-0258-1

Ⅰ . ①寻… Ⅱ . ①扎… ②小… Ⅲ . ①扎巴格丹 - 自传 Ⅳ . ① K825.38

中国版本图书馆 CIP 数据核字（2020）第 186933 号

寻梦香巴拉

扎巴格丹　小北/著

策划编辑	洪涛
责任编辑	杜冰梅
装帧设计	孟龙
出版发行	中国藏学出版社
印　　刷	北京隆昌伟业印刷有限公司
版　　次	2020 年 10 月第 1 版第 1 次印刷
开　　本	787 毫米 ×1092 毫米　1/16
印　　张	21
字　　数	226 千字
书　　号	ISBN 978-7-5211-0258-1
定　　价	78.00 元

图书如有印装质量问题　请与本社发行部联系
E-mail：dfhw64892902@126.com　电话：010-64892902
版权所有　侵权必究